Alex Wahi ist ein (Fernseh-)Koch mit deutsch-indischen Wurzeln. Bekannt ist er unter anderem durch seine Auftritte als Fernsehkoch in der Sendung „Abenteuer Leben“ auf Kabel 1.

Bereits als Kind drehte sich bei Alex alles rund ums Thema „Essen“. Von klein auf lernte er von seinem Vater Vipan in der Küche des Familienrestaurants „Maharani“ in Hamm das Kochhandwerk und absolvierte dort seine Ausbildung zum Restaurantfachmann. Nach Abitur und BWL-Studium folgte Alex seiner Kochleidenschaft und stieg in den Familienbetrieb ein. 2007 gründete er mit seinem Vater die Kochschule „Maharani“ als erste und einzige indische Kochschule in Deutschland. Diese leiten die beiden bis heute mit großem Erfolg.

Seit 2014 steht Alex für verschiedene TV-Formate vor der Kamera, ist regelmäßig zu Gast beim „SAT.1 Frühstücksfernsehen“ und zeigt den Zuschauern unkonventionelle und kreative Rezepte. Die schnelle und einfache Zubereitung steht dabei im Fokus.

ALEX
WAHI

Food-Fotografie: **Hubertus Schüler**

Kirsch-Lammlachse mit warmem Granatapfel-Tomaten-Salat

Rote-Bete-Mozzarella-Turm mit Aprikosen-Basilikum-Marmelade

Käse-Pflaumen-Knödel mit fruchtigem Schmand-Dip

Gebackenes „Wirsingsteak“ mit Schupfnudeln

Chicken Tikka mit Limetten-Minze-Joghurt

Limetten-Zimt-Kartoffelstampf mit Salsiccia in Tomatensauce

Pumpernickel-inside-Burger mit Camembert und warmem Salat

Zucchininudeln Carbonara-Style mit Salbei-Tomaten

Ofen-Spareribs mit Tomaten-Chili-Marmelade und Coleslaw

ZU HAUSE

UND UMGEBUNG

Deutschland, Österreich, Schweiz

Entfernung von zu Hause
700 bis 3.000 Kilometer

EUROPA

Spanien, Italien, Frankreich, Griechenland, Türkei, Schweden, Lettland dazu Israel

Entfernung von zu Hause
5.600 bis 7.600 Kilometer

INDIEN

Meine Wurzeln

Entfernung von zu Hause
7.500 bis 9.500 Kilometer

ÜBERSEE

Karibik, USA, Mexiko, Brasilien, Latein- und Südamerika

Entfernung von zu Hause
8.500 bis 12.000 Kilometer

FERNOST

Korea, Thailand, Japan, Philippinen, Hawaii

AUS ALLER WELT

Mein Wahi-Style

SÜSS | SAUER | SALZIG | SCHARF

Background Meine Kochreise begann schon in meiner frühen Kindheit. Mein Vater, der in Indien geboren wurde, kam 1975 nach Deutschland, um eine Ausbildung in der Hotelbranche zu absolvieren. Sein Plan war, nach abgeschlossener Ausbildung und Erlernen der deutschen Sprache nach Indien zurückzukehren und dort in Neu-Delhi ein großes Hotel zu leiten. Doch es kam anders, denn hier in Nordrhein-Westfalen, im ländlichen Beckum, lernte er meine Mama Helga kennen und lieben und blieb in Deutschland. In den 1980er-Jahren betrieb er die Gastronomie eines Tennisclubs in meiner Heimatstadt Hamm, wo ich schon als kleiner Junge mit ihm zusammen in der Küche stand. Ich durfte Gemüse schnibbeln und zuschauen, wie mein Vater mit den Gewürzen hantierte. Natürlich habe ich überall den Löffel reingehalten und alles vorgekostet. Ich schaute ihm dabei zu, wie er Frikadellen mit seiner sensationellen Curry-Gewürzmischung zubereitete, die ihm von den Gästen buchstäblich aus den Fingern gerissen wurden. Dieser Curry-„Alleskönner" verfeinert noch heute viele Speisen bei uns. Aufgrund des überwältigenden Feedbacks der Gäste wagte mein Vater wenige Jahre später den Schritt, sein eigenes Restaurant „Maharani" in Hamm zu eröffnen. Das war ein echter Meilenstein für unsere Familie und wir sind alle unglaublich stolz auf den Erfolg und das 30-jährige Jubiläum, das wir nächstes Jahr feiern dürfen.

Leidenschaft Schon als Kind hat mich die Atmosphäre in der Gastronomie nicht mehr losgelassen, ganz besonders das Treiben in der Restaurantküche. Mit der Zeit hat sich meine Leidenschaft fürs Kochen und für die Gastronomie immer weiter gefestigt und entwickelt. Dass rohe Lebensmittel mit verschiedenen Kräutern und Gewürzen durch die richtige Zubereitung am Ende ein einmaliges Aromenspiel auf dem Teller ergeben, hat mich schon immer fasziniert. Nach meinem BWL-Studium hat es mich deshalb zurück in unseren Familienbetrieb gezogen. Heute leite ich unser Restaurant – mit derselben Begeisterung, mit der ich vor 30 Jahren meinem Vater zur Hand ging, gepaart mit meinem eigenen Erfahrungsschatz und der Unmenge an Inspirationen, die ich rund um den Globus gesammelt habe.

Ich bin unheimlich stolz darauf, den Gerichten, die wir unseren Gästen servieren, mittlerweile meine ganz eigene Handschrift zu verleihen. Unser Restaurant ist ein Ort des Genießens und Erlebens. Der Trick ist, den Rezepten einen modernen Twist zu geben, indem ich die Verbindung zwischen den Generationen schaffe – zwischen den Traditionen meines Vaters und meiner eigenen modernen und kosmopolitischen Welt.

Geschmack Süß, sauer, salzig, scharf – das ist genau das, was die Zunge an das Gehirn weitergibt. Die Zunge ist voller Geschmacksknospen, die Rezeptoren enthalten. Ich habe mich mit meiner Art zu kochen von der klassischen Einteilung in süß, sauer, salzig, bitter und umami gelöst. Statt mit Bitterstoffen arbeite ich gern mit Schärfe, eine Kunst, die international auf unterschiedlichste Weise perfektioniert wurde und zu ganz anderen Geschmackserlebnissen führt. Statt mit Glutamat und Co. habe ich über das jahrzehntelange Kochen und Experimentieren mit verschiedenen Gewürzen und Produkten mein ganz eigenes Umami aus natürlichen Geschmacksverstärkern entdeckt. Dafür kommt es auf die richtige Kombination, die Dosierung und die Reihenfolge des Anröstens an, damit sich genau das Köstliche und Würzige, also das Umami eines Gerichts, voll entfalten kann. Besonders vollmundig nehmen wir ein Gericht immer dann wahr, wenn mindestens drei der vier Komponenten süß, sauer, salzig und scharf miteinander kombiniert werden. Hier kommt es natürlich auf die Dosierung an. Eine Süßspeise schmeckt in der Regel intensiver, wenn außer süßen Komponenten auch ein saurer Spritzer oder eine salzige Prise hinzugegeben wird. Daraus entstehen Nuancen im Geschmack, die man vielleicht gar nicht bewusst wahrnimmt, die jedoch das gewisse Etwas ausmachen. Andersherum tut einem herzhaften Gericht neben der sehr passenden Schärfe auch etwas Süße gut und ein wenig Säure sorgt für ein angenehmes Frischegefühl.

Mit meinen Kombinationen von süß, sauer, salzig und scharf möchte ich deine Geschmacksnerven aufwecken und kitzeln und dir vor allem die Angst vor dem Kochen und dem Entdecken neuer, ausgefallener Kreationen nehmen. Wichtig ist mir außerdem, dass jeder Mensch nur für sich individuell entscheiden kann, was ihm schmeckt. Jeder hat andere Gewohnheiten – und unzählige Einflüsse wie die Qualität der Zutaten, der Herd, das Küchenequipment und sogar der eigene Stresspegel wirken sich auf den Geschmack aus.

Reisen Meine deutsch-indischen Wurzeln prägen meine persönlichen Interpretationen von den zahllosen Multikulti-Rezepten, die ich von Reisen auf der ganzen Welt mitgebracht habe. Ich hatte das Glück, dass ich in den vergangenen Jahren viel reisen und die Vielfalt vieler Länder kulinarisch erleben konnte. Ich durfte zusehen, wie traditionelle Köstlichkeiten regional interpretiert werden, durfte sensationelles und für mich neuartiges Essen genießen, endlos viele neue Eindrücke sammeln und die Kulturen und Menschen der Länder kennenlernen. Das hat mich sehr geprägt und ich wollte die neuen Erfahrungen und das Wissen, das ich von unterwegs mitgebracht habe, unbedingt weiter einsetzen. Zu Hause war es dann besonders spannend für mich, all das auf unser Einkaufsverhalten, unsere Produkte und die Essgewohnheiten in Deutschland zu übersetzen. Dabei wollte ich Rezepte entwickeln, die Spaß machen und gleichzeitig leicht nachzukochen sind.

Meinen Kochkursteilnehmern sage ich immer: „Rezepte sind wie Lückentexte, die zwar ein Grundgerüst vorgeben, aber nach eigenem Empfinden ausgefüllt werden können." Traue dich, auch mal vom Rezept abzuweichen und eine eigene Idee auszuprobieren! Ersetze zum Beispiel Schweinefleisch durch Hühnchen oder ergänze dein Lieblingsgemüse. Wenn es schmeckt: Super! Wenn es schiefgeht: Auch okay! Dadurch lernt man dazu und weiß beim nächsten Mal, was funktioniert und was nicht. Ein Tipp für den Anfang: Taste dich heran, indem du die Basis des Rezepts und das Verhältnis von Flüssigkeiten beibehältst und erst einmal Zutaten austauschst, bis du ein besseres Gefühl für Garprozesse und Zubereitungsmethoden hast. Besonders gut klappt das bei Pfannengerichten oder Rezepten der schnellen Küche.

Das ist im Kern auch die Philosophie, der ich selbst beim Kochen und Entwickeln meiner Rezepte folge. „Keep it short and simple", sage ich immer – und meine es auch so. Ein Gericht möglichst schnell zuzubereiten, muss nicht zulasten der Qualität gehen. Auch wenn das jetzt sehr poetisch klingt, aber Zeit ist doch absolut relativ und subjektiv, oder nicht? Ich weiß noch ganz genau, wie ich in Bangkok auf dem Markt mit einer Thailänderin direkt an der Straße im Handumdrehen das beste Thai-Curry zubereiten durfte, das ich je gegessen habe. Der Wok wurde angeschmissen, etwas Pflanzenöl, Knoblauch und Chili mit verschiedenen Gemüsesorten und roter Currypaste angeröstet, abgelöscht mit Kokosmilch, dazu Reis – einfach ein Traum!

Authentizität Den authentischsten Eindruck einer Landesküche bekommt man durch Streetfood – auf der Straße direkt auf die Hand serviert. In Deutschland trägt aber der Begriff „Fast Food" eine komplett andere Bedeutung. Fast Food heißt hier meist „schnelle Aufnahme von Essen". Aufgrund der hohen Populationszahlen in Asien, Afrika oder Amerika sind dort hingegen die Straßenküchen einfach top organisiert, weil sie gleichzeitig viele hungrige Menschen schnell mit Essen versorgen müssen. Das bedeutet aber nicht, dass man sich das Essen schnell reinstopft! Lediglich die reine Kochzeit dauert nur wenige Minuten, da die frischen Zutaten so harmonisch aufeinander abgestimmt und gut vorbereitet sind. Oft werde ich gefragt, welches Land und welches Essen mir am besten gefallen hat. Dazu kann ich nur sagen, dass mich jedes Land auf seine Art und Weise geflasht hat.

Ich durfte an so vielen schönen Orten in der Welt kochen und die Länderküchen genießen. Ob New York mit seinen trendigen Hotdogs, Pastrami-Sandwiches und kultigen Süßspeisen, ein leckerer Mangosalat direkt im thailändischen Dschungel, die Taco-Kultur in Mexiko, die Reisernte an einem See in Valencia, weltbeste Pasta in Bologna, Köttbullar auf einem zugefrorenen See am Polarkreis in Schweden, ein würziges Curry direkt am Straßenrand in Mumbai, umgeben vom lautstarken Gehupe Tausender Fahrzeuge, ein Toast unter Palmen in der Karibik oder das Fischbrötchen in Istanbul – die Liste meiner Genusserinnerungen ist lang. Aus all diesen kulinarischen und kulturellen Erfahrungen habe ich für dich die eindrücklichsten herausgesucht, um sie nun in einem Kochbuch voller Geschmacksexplosionen zusammenzufassen.

Crossover Mittlerweile habe ich auf fast allen Kontinenten sowohl traditionelle als auch moderne Küchen kennengelernt. Der ganz besondere kulinarische Twist entwickelt sich auf eine unnachahmliche Weise dadurch, dass die Esskultur über die Großeltern und Eltern an jetzige Generationen weitergegeben wird, diese wiederum die Traditionen erhalten und gleichzeitig neue Trends schaffen. Auch ich habe vieles durch meine Großeltern und Eltern aus verschiedenen Kulturen mitnehmen und weiterentwickeln können. Die moderne Interpretation von Gerichten aus aller Welt paare ich darum in diesem Buch immer wieder gern mit lokal Exotischem – meiner heimischen Küche in Westfalen. Durch meine deutschen Großeltern haben mich die westfälische Küche und der Umgang mit regionalen Produkten von Kindheit an geprägt. Alle Produkte, die man für eine kreative, ausgewogene Ernährung benötigt, bekommt man auf den lokalen Märkten. Ich liebe es, mich auf einem gut ausgestatteten Marktplatz inspirieren zu lassen – oft weiß ich erst, worauf ich Lust habe, wenn ich die Lebensmittel in der Hand habe, die Menschen beobachte und sehe, welche Zutaten gekauft werden.

Balance Es gibt Grundsätze vollwertiger Ernährung, die man beachten sollte, doch darüber hinaus bin ich überzeugt, dass man lernen muss, auf seinen Körper zu hören. Wer sich einmal an eine frische, ausgewogene Ernährung mit einem ausreichenden Gemüseanteil gewöhnt hat, dem gibt der Körper oft von selbst die richtigen Signale: Das, was uns guttut, schmeckt uns dann tatsächlich auch am besten. Beim Kochen bekommt man ein Gefühl für Zutaten, Produkte und Preise und weiß ganz genau, was man mit frischen Lebensmitteln selbst geschaffen hat. Gesundheit und persönliches Wohlbefinden, also Körper, Geist und Seele, sollten beim Essen und Trinken immer an erster Stelle stehen – alles in einer guten Balance und für ein gutes Körpergefühl.

Inspiration Dieses Buch wäre ohne einige wichtige Menschen in meinem Leben nicht das, was es geworden ist. Meine Eltern haben mich schon als kleines Kind mit Geschmäckern und Zutaten experimentieren lassen und mir die Kochleidenschaft quasi in die Wiege gelegt. Und meine Freundin Pernilla hilft mir, das Essens-Chaos, das manchmal in meinem Kopf herrscht, in geordnete Bahnen zu bringen und in Worte zu fassen.

In diesem Kochbuch möchte ich dich an der Internationalität meiner Küche teilhaben lassen und dich auf eine Genussreise mitnehmen, die in Westfalen beginnt und über Europa bis nach Indien, weiteres Asien und Übersee geht – die Kapitel habe ich darum nach dem Entfernungsradius vom Ausgangspunkt, meinem Zuhause in Hamm, unterteilt. Die Rezepte sollen eine Balance zwischen gesunden und einfach zuzubereitenden Zutaten schaffen sowie die Möglichkeit bieten, zwischendurch mal richtig nach Herzenslust zu schlemmen. Je nach Lust und Laune kannst du die Rezepte immer an deinen persönlichen Appetit anpassen. Die Tipps, die du bei den Rezepten findest, sollen dir zusätzliche Möglichkeiten aufzeigen, die Gerichte ganz nach deinen Vorlieben abzuwandeln. Dieses Buch soll selbst ein Alleskönner sein: Es soll Unerfahrenen und Kochbegeisterten die Angst nehmen, etwas falsch zu machen. Ob ein Gericht schmeckt, entscheidet jeder für sich selbst. Ich möchte mit meinen Rezepten neue Türen aufstoßen, denn es gibt so viele wunderbare Lebensmittel auf dieser Welt, die zu Experimenten anregen. Lass dich inspirieren, probiere neue Geschmäcker und Rezepte aus! Und dann traue dich, deinen eigenen Geschmack auf die Probe zu stellen, zu improvisieren und selbst kreativ zu werden! Ob du eine meiner Saucen für ein anderes Rezept zweckentfremdest oder deinen persönlichen Touch in eines der Rezepte einbringst – alles ist möglich. Und es kann nur gut werden, solange du mit Freude dabei bist.

Egal, ob zu Hause, in unserem Restaurant oder unter freiem Himmel: Heimat kann man schmecken.

Zu Hause ist man da, wo die Liebsten sind: Pernilla mit mir und unserem Hund Oskar.

Radius 0 bis 700 Kilometer

ZU HAUSE

UND UMGEBUNG

Deutschland,
Österreich und Schweiz

Kirsch-Lammlachse
MIT WARMEM
GRANATAPFEL-TOMATEN-SALAT

Eigentlich ein typisches Grillgericht, aber wenn es ohne großen Aufwand mal ein ausgefallenes Fleischgericht geben soll, darf auch einfach die Pfanne benutzt werden. Lamm und Kirschen passen ausgezeichnet zusammen – und wer nach der Zubereitung dieses Low-Carb-Fleischgerichts noch etwas von der Kirschkonfitüre übrig hat, kann diese als Nachtisch zu einem leckeren Stück Käse genießen. Eine herrliche Kombination!

Zubereitungszeit 30 Minuten plus 60 Minuten Marinierzeit
Für 2 Personen

Für das Fleisch
1 Knoblauchzehe
1 Zweig Rosmarin
1 EL Pflanzenöl
Salz
1 EL Kirschkonfitüre
2 Lammlachse (ausgelöste Kotelettstücke; à ca. 150 g)
1 EL Olivenöl

Für den Salat
1 Granatapfel
150 g Cherrytomaten
1 EL Honig
Saft von ½ Limette
Salz
schwarzer Pfeffer aus der Mühle

Für das Fleisch die **Knoblauchzehe** schälen und fein würfeln. Den **Rosmarin** abbrausen, trocken schütteln und die Blätter abzupfen. Knoblauch und Rosmarin mit **Pflanzenöl** und einer Messerspitze **Salz** in einem Mörser zerstoßen. Rosmarinpaste in eine flache Schüssel geben, mit der **Konfitüre** verrühren, **Lammlachse** darin einlegen und 60 Minuten marinieren. • Für den Salat den **Granatapfel** halbieren, die Kerne herauslösen und in eine Schüssel geben. Die **Cherrytomaten** waschen und hinzufügen. • **Olivenöl** in einer Pfanne auf mittlerer Stufe erhitzen und die Lammlachse darin von beiden Seiten je etwa 3 Minuten braten. Vom Herd nehmen, Granatapfelkerne und Tomaten hinzugeben und mit dem Fleisch etwa 3 Minuten in der Pfanne ziehen lassen. • Die Lammlachse aus der Pfanne nehmen und auf zwei vorgewärmte Teller geben. Die Cherrytomaten mit einer Messerspitze einstechen, damit sie ihre Flüssigkeit abgeben. Vom Herd nehmen, **Honig** und **Limettensaft** über die schlotzige Tomaten-Granatapfel-Mischung geben, mit **Salz** und **Pfeffer** würzen und gut vermengen. • Die Lammlachse aufschneiden, den Granatapfel-Tomaten-Salat daneben anrichten und servieren.

Mein Tipp Dazu passen Bratkartoffeln, Kartoffelgratin oder gegarter Reis und als Geschmackskick Kimchi (siehe Seite 151). Dieses Gericht funktioniert auch mit anderen Konfitüren. Nimm einfach eine Sorte nach Geschmack!

laktosefrei glutenfrei

Käse-Pflaumen-Knödel

mit fruchtigem Schmand-Dip

Eigentlich kann ich überhaupt nicht richtig Ski fahren, dennoch war und bin ich immer gern im „Skiurlaub". Natürlich wegen des guten Essens. Vor allem Knödel haben es mir schon als Kind angetan und meine Eltern mussten immer Skihütten als Mittagsrast auswählen, bei denen sie sicher sein konnten, dass es Knödel gab, sonst wurde ich unleidlich. Einmal habe ich in Österreich auf einer dieser Hütten Kaspressknödel mit einer Pflaumensauce gegessen. Heute kann ich nicht mehr sagen, ob sie wirklich so gut waren, wie ich sie in Erinnerung habe, aber dieses Rezept ist eine vereinfachte Variation meines Skiurlaub-Highlights und ein absoluter Glücklichmacher.

Zubereitungszeit 25 Minuten
Für 2 Personen

Für die Knödel
250 g Semmelwürfel (Knödelbrot)
200 ml Milch (3,5 % Fett)
150 g Bergkäse
4–6 Stängel Kerbel
8 getrocknete entsteinte Pflaumen
2 Eier (Größe M)
Salz
schwarzer Pfeffer aus der Mühle
1 EL Pflanzenöl

Für den Dip
½ Bund Schnittlauch
1 Knoblauchzehe
200 g Schmand
1 EL Pflanzenöl
1 EL Zitronensaft
2 EL Orangensaft
1 Prise Zucker
Salz
schwarzer Pfeffer aus der Mühle

Für die Knödel die **Semmelwürfel** in eine Schüssel geben. Die **Milch** handwarm erwärmen, gleichmäßig über das Brot träufeln und einige Minuten einweichen lassen. • Inzwischen den **Bergkäse** fein reiben. Den **Kerbel** waschen, trocken schütteln und grob hacken. **Pflaumen** ebenfalls hacken und alles zu den Semmelwürfeln geben. • **Eier** und etwas **Salz** und **Pfeffer** hinzufügen, alles mit den Händen zu einem gleichmäßigen Teig verarbeiten und zu sechs gleich großen Knödeln formen. • **Pflanzenöl** in einer Pfanne auf niedriger Stufe erhitzen, die Knödel hineingeben, den Deckel aufsetzen und etwa 10 Minuten rundum goldbraun braten, dabei zwischendurch immer wieder wenden. • Währenddessen für den Dip den **Schnittlauch** abbrausen, trocken schütteln, hacken und 1 TL davon zum Garnieren beiseitelegen. Die **Knoblauchzehe** schälen und fein würfeln, mit dem Schnittlauch in eine Schüssel geben, **Schmand, Öl, Zitronensaft, Orangensaft** und **Zucker** einrühren und mit **Salz** und **Pfeffer** abschmecken. • Die Käse-Pflaumen-Knödel auf zwei Teller setzen, mit Schnittlauch garnieren und mit dem Schmand-Dip servieren.

Meine Tipps Bei den Knödelzutaten kann nach Belieben variiert werden. Beispielsweise können noch Zwiebel- oder Speckwürfel eingearbeitet oder der Kerbel kann durch andere frische Kräuter ersetzt werden. Wem der Bergkäse zu würzig ist, der kann ihn einfach durch Gouda ersetzen oder eine Mischung aus beiden Käsesorten verwenden. • Der Schmand-Dip funktioniert auch mit Quark gut.

HERZHAFTE ZIMTSCHNECKEN *mit Rinderfilet*

Ich liebe Zimt und finde, dass er nicht nur bei Süßspeisen seine Daseinsberechtigung hat. Auch herzhaften Gerichten wie Currys und Reispfannen, aber besonders verschiedenen Fleischsorten verleiht Zimt ein ganz neues Geschmackserlebnis. Für mich lag es also quasi auf der Hand, herzhafte Zimtschnecken zu entwickeln – und hier sind sie!

Zubereitungszeit 20 Minuten plus 20 Minuten Backzeit
Ergibt 6 Stück

3–4 Stängel glatte Petersilie
3–4 Stängel Minze
1 Orange
1 rote Chili
1 Knoblauchzehe
Saft von ½ Zitrone
1 EL Olivenöl
1 EL Honig
Salz
schwarzer Pfeffer aus der Mühle
1 rote Zwiebel
200 g Rinderfilet
1 Rolle frischer rechteckiger Blätterteig aus dem Kühlregal (275 g; ca. 40 × 24 cm)
2 Msp. gemahlener Zimt

Den Backofen auf 180 °C Umluft vorheizen. Ein Backblech mit Backpapier auslegen. • **Petersilie** und **Minze** abbrausen, die Blätter fein hacken und zusammen in eine Schüssel geben. • Die **Orange** filetieren und in kleine Stücke schneiden. **Chili** waschen, entkernen und fein würfeln. Die **Knoblauchzehe** schälen und fein hacken. Alles zu den Kräutern geben, **Zitronensaft, Olivenöl** und **Honig** zufügen, vermengen und mit **Salz** und **Pfeffer** abschmecken. • Die **Zwiebel** schälen und in feine Ringe schneiden. Das **Rinderfilet** in 1–2 cm breite Streifen schneiden. • Den **Blätterteig** auf der Arbeitsfläche entrollen und mit der Kräutermischung bestreichen, dabei rundum einen etwa 2 cm breiten Rand frei lassen. Die Rinderfiletstreifen darauf verteilen, mit **Zimt** bestreuen und die Zwiebelringe gleichmäßig darüber verteilen. • Den Blätterteig von einer kurzen Kante her aufrollen, auf ein Schneidebrett legen und in sechs gleich große Stücke schneiden. Die Schnecken mit den Schnittflächen mit ausreichendem Abstand auf das Backblech legen, da der Blätterteig beim Backen noch aufgeht. Im vorgeheizten Ofen 20 Minuten goldgelb backen. • Herausnehmen, die Schnecken auf eine Platte setzen und servieren.

Mein Tipp Die Orangenfilets passen nicht nur geschmacklich super zu Fleisch und Zimt, sie verhindern auch, dass die Zimtschnecken beim Backen austrocknen. • Wer möchte, garniert noch mit Minze.

Rote-Bete-
Mozzarella-Turm mit
Aprikosen-Basilikum-Marmelade

Dieses Rezept ist rein zufällig entstanden. Für einen Grillabend mit Freunden wollte ich eigentlich ein Rote-Bete-Carpaccio mit Mozzarella machen. Leider war ich (mal wieder) viel zu spät mit der Vorbereitung dran und wollte mir das zeitaufwendige Schneiden der Roten Beten in hauchdünne Scheiben sparen. Herausgekommen ist dieser lauwarme Rote-Bete-Mozzarella-Turm.

Zubereitungszeit 15 Minuten plus ca. 5 Minuten Backzeit
Für 2 Personen

500 g gegarte Rote Beten (vakuumverpackt)
2 Kugeln Mozzarella (à 125 g)
10 Basilikumblätter
2 EL Aprikosenkonfitüre
1 EL Pflanzenöl
1 Prise Cayennepfeffer
Salz
schwarzer Pfeffer aus der Mühle

Den Backofen auf 180 °C Umluft vorheizen und ein Backblech mit Backpapier auslegen. • Die **Roten Beten** abtropfen lassen, dabei den Saft auffangen, und in 1–2 cm dicke Scheiben schneiden. Den **Mozzarella** abtropfen lassen und ebenfalls in 1–2 cm dicke Scheiben schneiden. Je vier Scheiben Rote Bete und Mozzarella auf dem Backblech abwechselnd übereinanderlegen und mit einem Holzspieß fixieren. Es sollten zwei große Türme entstehen. • Im vorgeheizten Ofen etwa 5 Minuten backen. • Inzwischen das **Basilikum** abbrausen, fein hacken und mit 2–3 EL Rote-Bete-Saft, **Aprikosenkonfitüre, Pflanzenöl** und **Cayennepfeffer** verrühren und mit **Salz** und **Pfeffer** abschmecken. • Das Backblech aus dem Ofen nehmen, die Türme auf zwei Teller geben, mit Aprikosen-Basilikum-Marmelade toppen und lauwarm genießen. – Dazu passt ein Rucolasalat mit gerösteten Pinienkernen oder Nussen und Naan-Brot (siehe Seite 70), Chapati (siehe Seite 108) oder Kichererbsen-Papadums (siehe Seite 111).

Mein Tipp Dieses Gericht schmeckt auch mit Camembert oder einem Ziegenweichkäse statt Mozzarella hervorragend. • Wer möchte, der bereitet die Sauce ohne Basilikum zu und streut die Blätter nachher über die Türme.

Pumpernickel-inside-Burger
MIT CAMEMBERT
und warmem Salat

Meine Eltern haben früher zu Hause gern Pumpernickel statt Weizentoast gegessen. Das Problem war nur, dass für die ganze Familie natürlich immer eine große Packung gekauft werden musste, die übrig gebliebenen Scheiben aber sehr schnell hart wurden. Wenn mein Vater dann Frikadellen machte, wurde das hart gewordene Schwarzbrot einfach in die Fleischmasse gebröselt. Pumpernickel verleiht dem Fleisch eine ganz eigene Geschmacksnote und man kann bei den Beilagen oder Toppings für einen Burger wunderbar mit süßen Marmeladen und Weichkäse arbeiten.

Zubereitungszeit 30 Minuten
Für 2 Personen

Für die Burger
2 Scheiben Pumpernickel (à 50 g)
400 g Rinderhackfleisch
½ TL Cayennepfeffer
1 Prise frisch geriebene Muskatnuss
1 Ei (Größe M)
Salz
schwarzer Pfeffer aus der Mühle
1 EL Pflanzenöl
1 Camembert (150 g)

Für den Salat
2 Mini-Romanasalatherzen
1 TL Pflanzenöl
1 EL Preiselbeeren
1 TL Zitronensaft
Salz
schwarzer Pfeffer aus der Mühle

Für die Burger den **Pumpernickel** zerbröseln, mit **Hackfleisch, Cayennepfeffer, Muskatnuss** und **Ei** in eine Schüssel geben, mit **Salz** und **Pfeffer** würzen und vermengen. • **Pflanzenöl** in einer Pfanne auf mittlerer Stufe erhitzen, aus der Hackfleischmischung zwei Burgerpattys formen und in der Pfanne von beiden Seiten abgedeckt je 6–7 Minuten langsam braten. • In der Zwischenzeit für den Salat die **Salatblätter** lösen, abbrausen und trocken schütteln. **Pflanzenöl** in einer Pfanne oder einem Topf auf mittlerer Stufe erwärmen. Die Salatblätter darin 1 Minute anbraten. **Preiselbeeren** und **Zitronensaft** hinzugeben, vermengen und mit **Salz** und **Pfeffer** würzen. • **Camembert** in Scheiben schneiden und die Burgerpattys damit belegen. Den Deckel wieder auf die Pfanne legen, damit der Käse schmelzen kann. • Die Burger auf zwei Teller geben und mit dem Salat toppen.

Meine Tipps Wer möchte, der kann dazu eine leckere Brioche (siehe Seite 77) reichen. • Die Burgerpattys können auch im Ofen bei 180 °C Ober-/Unterhitze 12–14 Minuten gegart werden. Gegrillt schmecken sie ebenfalls sehr gut. • Rinderhackfleisch hat deutlich weniger Fett als Schweinefleisch, trocknet allerdings schneller aus. Deshalb sollte man das Fleisch langsam und nicht zu lange garen. • Man kann aus der Hackfleischmasse auch Bällchen formen, braten und mit kleinen Holzspießen als Fingerfood reichen.

Herzhafter BLAUBEER-KÄSE-Kaiserschmarren

Kaiserschmarren ist ein absolutes Highlight-Dessert. Traditionell wird er im Backofen gegart. Auch dieses Rezept ist mal wieder aus Zeit- und Zutatennot entstanden. Für eine Kochrunde mit Freunden wollte ich eigentlich den traditionellen Kaiserschmarren mit Rosinen und Puderzucker zubereiten. Leider befanden sich in unserer Küchenschublade entgegen meiner festen Überzeugung keine Rosinen mehr. Also mussten frische Blaubeeren herhalten und zufällig lag noch Käseabschnitt von einer vorbereiteten Käseplatte auf meiner Küchenablage. Ich habe alles zusammengemischt, direkt in der Pfanne gegart und auf ein annehmbares Ergebnis gehofft. Überzeuge dich selbst von meinem Lieblings-Kaiserschmarren-Käsekuchen aus der Pfanne!

Zubereitungszeit 20 Minuten
Für 2 Personen

4 Eigelb (Größe M)
130 ml Milch (3,5 % Fett)
80 g Weizenmehl (Type 405)
1 Prise Salz
1 Prise schwarzer Pfeffer aus der Mühle
1 TL Butter
150 g Blaubeeren
100 g Bergkäse

Eigelb, Milch, Mehl, Salz und **Pfeffer** zu einem Teig glatt rühren. • **Butter** in einer Pfanne auf mittlerer Stufe erhitzen, den Teig hineingeben, den Deckel auflegen und 6–7 Minuten garen. • Inzwischen die **Blaubeeren** abbrausen und abtropfen lassen. Den **Bergkäse** reiben. • Die Blaubeeren auf dem Teig in der Pfanne verteilen und mit zwei Kochlöffeln auseinanderzupfen. Den Käse darüberstreuen und schmelzen lassen. • Den Kaiserschmarren auf zwei Teller verteilen und warm genießen.

Meine Tipps Die Blaubeeren sollten knackig frisch bleiben, deshalb werden sie erst zum Schluss zugegeben. Auch halbierte oder geviertelte Erdbeeren oder klein geschnittener Rhabarber passen gut. • Wem Bergkäse zu würzig ist, der kann natürlich mildere Sorten wie jungen Gouda, Butterkäse oder Edamer verwenden.

GEBACKENES „WIRSINGSTEAK" MIT SCHUPFNUDELN

Die regionale deutsche Küche hat sehr viel zu bieten, wird aber leider oft unterschätzt oder als altbacken abgestempelt. Der Trend, die traditionelle Küche wieder aufleben zu lassen und ihr einen modernen Twist zu verleihen, freut mich deshalb total. Dieses Rezept knüpft genau an diese Idee an.

Zubereitungszeit 45 Minuten plus ca. 20 Minuten Garzeit und 10 Minuten Abkühlzeit
Für 2 Personen

Für die Schupfnudeln
300 g mehligkochende Kartoffeln
90 g Weizenmehl (Type 405) plus etwas mehr nach Bedarf und zum Bestäuben
1 EL Kartoffelstärke
1 Ei (Größe S)
Salz
1 EL Pflanzenöl

Für den Wirsing
1 kleiner Wirsing
3 EL Pflanzenöl
Salz
1 rote Zwiebel
1–2 Stängel glatte Petersilie
100 g körniger Frischkäse
1 EL Olivenöl
schwarzer Pfeffer aus der Mühle

Außerdem
Kartoffelpresse (alternativ Kartoffelstampfer)

Für die Schupfnudeln die **Kartoffeln** waschen und ungeschält je nach Größe etwa 20 Minuten weich garen. Abgießen, ausdämpfen lassen und pellen. Dann durch die Kartoffelpresse in eine Schüssel drücken und 10 Minuten abkühlen lassen. • **Mehl, Stärke, Ei** und etwas **Salz** zum Püree geben und zu einem Teig verkneten. Falls die Masse noch zu klebrig ist, etwas mehr **Mehl** einarbeiten. Auf einer **bemehlten** Arbeitsfläche aus dem Teig lange daumendicke Rollen formen, diese in etwa 3 cm lange Stücke schneiden und mit der Hand zu typischen Schupfnudeln formen. Auf ein **bemehltes** Küchenbrett legen. • Inzwischen den Backofen auf 180 °C Ober-/Unterhitze vorheizen. • Vom **Wirsing** die äußeren losen Blätter ablösen und anderweitig verwenden (zum Beispiel für Wirsingchips, siehe Seite 133). Wirsing waschen und aus der Mitte zwei 3–4 cm dicke Scheiben („Steaks") schneiden. Auf ein Backblech legen, von beiden Seiten mit je 1 TL **Pflanzenöl** bestreichen, etwas **salzen** und im vorgeheizten Ofen etwa 20 Minuten backen. • Währenddessen die Wirsingreste in sehr feine Streifen schneiden. **Zwiebel** schälen und würfeln. Restliches **Pflanzenöl** in einer Pfanne oder einem Topf erhitzen und die Wirsingstreifen darin 3–4 Minuten andünsten. • Inzwischen das **Pflanzenöl** in einer anderen Pfanne erhitzen und die Schupfnudeln darin etwa 5 Minuten bei mittlerer Hitze rundum leicht goldbraun anbraten. Die Wirsingstreifen hinzufügen. • **Petersilie** waschen und hacken, mit **Frischkäse** und **Olivenöl** zu den Schupfnudeln geben und unterrühren. Mit **Salz** und **Pfeffer** abschmecken. • „Wirsingsteaks" aus dem Backofen nehmen, auf zwei Teller setzen und mit der Schupfnudelmischung toppen.

Mein Tipp Um Zeit zu sparen, die Kartoffeln 1 Tag vorher kochen. Man kann sie auch mit einer Gabel oder mit den Händen zerdrücken. Nur Stabmixer oder Standmixer dürfen nicht verwendet werden, sonst wird die Masse klebrig.

Avocado-Nudelsalat
MIT PUMPERNICKEL-CRUNCH
UND BABYSPINAT

Ein Nudelsalat erinnert mich an meine Kindheit, an Familienfeste, Freunde sowie gesellige Grillabende und ist deshalb für mich emotional ganz weit oben angesiedelt. Ich wollte aber nicht darauf verzichten, das traditionelle Gericht neu zu erfinden. Hier kommt es als Nudelsalatvariante zur Pumpernickel-Avocado-Schnitte, die ich früher immer bei meiner Oma zum Abendessen bekam.

Zubereitungszeit 30 Minuten
Für 2 Personen

150 g Spiralnudeln
Salz
2 Scheiben Pumpernickel
1 Knoblauchzehe
1 Schalotte
3–4 Stängel glatte Petersilie
1 EL Joghurt Natur (3,5 % Fett)
1 TL Honig
Saft von ½ Limette
schwarzer Pfeffer aus der Mühle
1 Avocado
75 g Babyspinat
6–8 Cherrytomaten
1 TL Olivenöl

Spiralnudeln nach Packungsangaben in **gesalzenem** Wasser al dente kochen, abgießen, abschrecken, abtropfen und abkühlen lassen. • Inzwischen eine Pfanne auf mittlerer Stufe erhitzen, den **Pumpernickel** in die Pfanne bröseln und 3–4 Minuten anrösten, dann vom Herd nehmen. • **Knoblauchzehe** und **Schalotte** schälen, in feine Würfel schneiden und in eine Schüssel geben. **Petersilie** waschen, fein hacken und dazugeben. **Joghurt, Honig, Limettensaft** und je zwei Prisen **Salz** und **Pfeffer** hinzufügen und vermischen. • **Avocado** halbieren, entkernen und das Fruchtfleisch herauslösen. Eine Avocadohälfte für das Topping beiseitelegen, die andere Hälfte zu den Zutaten in die Schüssel geben, mit einer Gabel zerdrücken und alles gut vermengen. • **Babyspinat** waschen und vorsichtig trocken schleudern. **Cherrytomaten** waschen, vierteln, mit dem Babyspinat zur Avocadomischung geben und vorsichtig unterheben. Zuletzt mit dem **Olivenöl** beträufeln. • Den Pumpernickel-Crunch mit den abgetropften Nudeln zur Avocado-Spinat-Mischung geben und vermengen. Mit **Salz** und **Pfeffer** abschmecken. • Den Nudelsalat in eine Servierschüssel geben. Die Avocadohälfte in feine Scheiben schneiden und den Salat damit toppen.

Meine Tipps Generell können alle Nudelsorten verwendet werden, aber Spiralnudeln nehmen das Dressing optimal auf. • Als Topping passt der Pumpernickel-Crunch auch zu vielen anderen Salaten.

Lauwarmer ERDBEER-SPARGEL-SALAT mit Rucola und Mango

Wer die Spargelzeit richtig auskosten möchte, der sollte diese fruchtige Rezeptidee nicht verpassen. Spargel ist aromatisch und abwechslungsreich und kann mit Früchten, Nüssen, Fleisch und Fisch kombiniert werden. In dieser veganen Variation wird daraus ein schmackhaftes Hauptgericht. Der Vorteil bei grünem Spargel ist übrigens, dass er deutlich schneller gart und weniger Schalen anfallen, da nur das untere Drittel geschält werden muss.

Zubereitungszeit 35 Minuten
Für 2 Personen

Für das Dressing
½ rote Chili
2 EL Zitronensaft
50 ml Kokosmilch
2 EL Agavendicksaft
2 EL Sojasauce
1 Prise schwarzer Pfeffer aus der Mühle

Für den Salat
500 g grüner Spargel
100 g Erdbeeren
1 unreife Mango
1 rote Paprika
50 g Rucola
4–5 Stängel Koriandergrün
2 EL geröstete, gesalzene Erdnusskerne
2 EL Erdnussöl

Für das Dressing die **Chili** waschen, entkernen, fein würfeln und in eine große Schüssel geben. Die restlichen **Zutaten** hinzugeben, verrühren und einige Minuten ziehen lassen. • In der Zwischenzeit für den Salat den **Spargel** waschen, im unteren Drittel schälen und schräg in 2–3 cm große Scheiben schneiden. **Erdbeeren** waschen, entstielen und vierteln. Die **Mango** schälen, das Fruchtfleisch vom Stein lösen und in feine Streifen schneiden. Die **Paprika** waschen, entkernen und ebenfalls in feine Streifen schneiden. Den **Rucola** waschen und trocken schleudern. **Koriander** waschen und trocken schütteln. • Eine Pfanne auf mittlerer Stufe ohne Fettzugabe erhitzen, die **Erdnüsse** grob hacken, 2–3 Minuten anrösten und in eine Schale geben. • **Erdnussöl** in der Pfanne heiß werden lassen und den Spargel darin etwa 5 Minuten braten, bis er gar, aber trotzdem noch knackig ist. Erdbeeren in die Pfanne geben und 1 Minute mitbraten. • Mango- und Paprikastreifen, Rucola sowie gebratenen Erdbeerspargel in die Schüssel zum Dressing geben. Koriander grob hacken, hinzufügen und alles vorsichtig vermengen. • Zum Schluss mit den gerösteten Erdnüssen toppen.

Meine Tipps Erdnussöl und Erdnüsse können durch andere Öle und Nüsse ersetzt werden, falls eine Unverträglichkeit vorhanden ist. • Die schräg geschnittenen Spargelscheiben haben eine größere Oberfläche, deshalb garen sie schneller. Dieser Trick funktioniert natürlich auch bei Karotten und anderem Stangengemüse.

OFEN-BRATWURST
mit Currysauce de luxe

Wer hat nicht schon immer nach der perfekten Currysauce zur Currywurst gesucht? Irgendwie hängen da nicht nur Kindheitsträume dran, das Verlangen nach einer leckeren Currywurst wird im Lauf des Lebens wohl immer wieder aufkommen. So ist es zumindest bei mir.

Zubereitungszeit 15–20 Minuten
Für 2 Personen

2 Rostbratwürste (à ca. 120 g)
1 EL Pflanzenöl
1 Tube dreifach konzentriertes Tomatenmark (200 g)
1 Prise Knoblauchpulver
1 TL Currypulver
1 TL edelsüßes Paprikapulver
2 Prisen schwarzer Pfeffer aus der Mühle
1 EL brauner Rohrzucker
2 EL dunkle Sojasauce
50 ml naturtrüber Apfelsaft
50 ml koffeinhaltige Limonade
250 g passierte Tomaten
Saft von ½ Limette
Salz

Den Backofen auf 160 °C Umluft vorheizen. • Die **Würste** in ein kleines Backblech oder eine Auflaufform legen und im vorgeheizten Ofen etwa 15 Minuten braun backen. • Inzwischen **Pflanzenöl** in einem Topf erhitzen und das **Tomatenmark** darin 1–2 Minuten anschwitzen. **Knoblauch-, Curry-** und **Paprikapulver, Pfeffer** und **Zucker** hinzugeben und kurz anschwitzen, bis der Zucker karamellisiert. • Mit **Sojasauce, Apfelsaft** und **Limonade** ablöschen, die **passierten Tomaten** einrühren und leicht reduzieren, bis eine schlotzige Saucenkonsistenz entsteht. Dann **Limettensaft** dazugeben, mit einer Prise **Salz** abschmecken und etwa 5 Minuten bei mittlerer Hitze köcheln lassen. • Würste in mundgerechte Stücke schneiden, auf zwei Teller geben und mit der Currysauce toppen.

Meine Tipps Am besten gleich eine größere Menge Currysauce zubereiten, denn sie kann auch für den späteren Appetit auf Currywurst portionsweise eingefroren werden. • Außerdem ist diese leckere Sauce nicht nur Begleiter einer Wurst, auch als Dip, Grillsauce oder Marinade für andere Fleisch- und Fischgerichte ist sie ein schmackhaftes Erlebnis. • Die Flüssigkeiten können nach Bedarf verändert werden. Wer es beispielsweise weniger tomatig mag, nimmt dafür mehr Saft. Und statt Apfelsaft funktioniert auch jeder andere Fruchtsaft. • Beim Karamellisieren der Sauce gut aufpassen und ständig rühren, damit sie nicht anbrennt. Das richtige Timing beim Karamellisieren und Ablöschen ist ein Lernprozess, den auch ich, nicht fehlerfrei, durchlaufen musste. Hab trotzdem keine Angst davor und probiere es aus!

HOTDOG
MIT HIMMEL UN ÄÄD

Ich liebe die schwedische Küche für ihre Einfachheit sowie die Leidenschaft für lokale und saisonale Produkte. Die Schweden lieben aber auch Hotdogs. Zusammen mit dem rheinischen Himmel-un-Ääd-Rezept (Himmel steht für Birnen oder Äpfel und Ääd, also Erde, für Kartoffeln) entsteht hier eine frische, leichte Hotdog-Variante.

Zubereitungszeit 20 Minuten
Für 2 Personen

Für Himmel un Ääd
450 g festkochende Kartoffeln
Salz
1 kleine Zwiebel
1 Birne (150 g)
1 ½ EL Pflanzenöl
2 ½ EL Apfelsaft
2 ½ EL trockener Weißwein
1 Prise frisch geriebene Muskatnuss
2 Prisen gemahlener Kreuzkümmel
schwarzer Pfeffer aus der Mühle
1 TL gehackte glatte Petersilie

Für die Hotdogs
2 Wiener Würstchen aus dem Glas
2 Hotdog-Brötchen oder Brioche-Brötchen (siehe Seite 77)

Für Himmel un Ääd die **Kartoffeln** schälen und etwa 3 cm groß würfeln. • Wasser mit etwas **Salz** in einem Topf zum Kochen bringen und die Kartoffeln darin 8–10 Minuten gar kochen. Abgießen. • Inzwischen die **Zwiebel** schälen und fein würfeln. **Birne** schälen und etwa 3 cm groß würfeln. • ½ EL **Pflanzenöl** in einer Pfanne bei mittlerer Stufe erhitzen. Die Zwiebeln darin 3–4 Minuten glasig anschwitzen. Birnen zugeben und 3–4 Minuten mit anbraten. • Mit **Apfelsaft** und **Weißwein** ablöschen und köcheln lassen, bis die Birnen weich sind. Mit **Muskat** und **Kreuzkümmel** bestreuen, mit **Salz** und **Pfeffer** würzen. • Etwa zwei Drittel der Kartoffelwürfel zu den Birnen geben und alles mit einem Kartoffelstampfer zerdrücken – der Stampf darf ruhig etwas stückig bleiben. Warm halten. • Restliches **Pflanzenöl** in einer Pfanne auf mittlerer Stufe erhitzen und die restlichen Kartoffelwürfel darin 3–4 Minuten braten. Bratkartoffeln zum Birnen-Kartoffel-Stampf geben und vorsichtig unterheben. • In der Zwischenzeit für die Hotdogs die **Würstchen** in heißem Wasser erwärmen. • Die **Hotdog-Brötchen** aufschneiden, mit Himmel un Ääd füllen, je ein Würstchen darauflegen, mit **Petersilie** garnieren und genießen.

Mein Tipp Für eine vegetarische Variante die Würstchen durch einen leichten Pilzrahm ersetzen, der wunderbar zu dem fruchtig-frischen Kartoffelstampf passt: 125 g Champignons putzen und vierteln. 1 TL Pflanzenöl in einer kleinen Pfanne auf mittlerer Stufe erhitzen und die Pilze darin 3–4 Minuten braten. Inzwischen zwei bis drei Schnittlauchhalme abbrausen und fein hacken. Die Hitze erhöhen, mit 1 EL Ingwershot (siehe Seite 155; alternativ Fertigprodukt) ablöschen, Schnittlauch und 1 TL Schmand hinzugeben und mit Salz und Pfeffer würzen.

laktosefrei

Der Mittelmeerraum bietet eine schier endlose Fülle an Rezepthighlights, die ich zum Beispiel gern mit Zutaten aus der Karibik oder dem asiatischen Raum kombiniere. Hier kann der Blick über Ländergrenzen hinweg eine tolle Inspiration sein.

Jedes Jahr geht es mit Freunden an den Polarkreis nach Lappland. Immer wieder ein Highlight: outdoor kochen bei –40 °C.

Entfernung von zu Hause
700 bis 3.000 Kilometer

EUROPA

Spanien, Italien,
Frankreich, Griechenland, Türkei,
Schweden, Lettland
dazu Israel

KÖTTBULLAR
mit Kartoffel-Rote-Bete-Salat
und Walnüssen

Immer wenn ich mit meiner Freundin Pernilla in ihre zweite Heimat Schweden fahre und dort im Ferienhaus meiner Schwiegereltern auf der herrlichen Insel Öland bin, essen wir als Erstes die einfachen, aber leckeren Köttbullar. Ich muss gestehen, so schön rund, wie Pernilla die Fleischbällchen rollt, bekomme ich sie nicht hin. Aber schmecken tun sie allemal.

Zubereitungszeit 25 Minuten plus 15–20 Minuten Garzeit und Abkühlzeit
Für 2 Personen

Für den Salat
250 g Kartoffeln (Drillinge)
Salz
250 g gegarte Rote Beten (vakuumverpackt)
2–3 Stängel glatte Petersilie
1 EL Joghurt Natur (1,5 % Fett)
1 EL körniger Frischkäse
1 TL Limettensaft
1 Msp. Cayennepfeffer
½ TL Honig
schwarzer Pfeffer aus der Mühle

Für die Köttbullar
½ rote Zwiebel
1–2 Stängel glatte Petersilie
250 g Hackfleisch halb und halb
1 Prise gemahlener Piment
1 Prise frisch geriebene Muskatnuss
1 Ei (Größe M)
3 EL Paniermehl
3 EL Sahne
Salz
schwarzer Pfeffer aus der Mühle
1 TL Butter
1 Handvoll Walnusskernhälften

Für den Salat die **Kartoffeln** waschen und ungeschält in **gesalzenem** Wasser 15–20 Minuten gar kochen, dann abgießen und abkühlen lassen. • Die Kartoffeln ungepellt in 2–3 cm große Würfel schneiden und in eine Schüssel geben. Die **Roten Beten** ebenfalls 2–3 cm groß würfeln und hinzufügen. **Petersilie** abbrausen, trocken schütteln, einige Blätter zum Garnieren beiseitelegen, den Rest hacken und in die Schüssel geben. **Joghurt, Frischkäse, Limettensaft, Cayennepfeffer** und **Honig** hinzufügen, mit **Salz** und **Pfeffer** würzen, vermengen und ziehen lassen. • Währenddessen für die Köttbullar die **Zwiebel** schälen, fein würfeln und in eine Schüssel geben. Die **Petersilie** abbrausen, trocken schütteln, hacken und dazugeben. **Hackfleisch, Piment, Muskatnuss, Ei, Paniermehl** und **Sahne** mit etwas **Salz** und **Pfeffer** hinzufügen und vermengen. Aus der Hackfleischmischung mit nassen Händen tischtennisballgroße Bällchen formen. • Die **Butter** in einer Pfanne auf mittlerer Stufe erhitzen und die Fleischbällchen darin etwa 10 Minuten langsam und rundum goldbraun braten. • Inzwischen eine Pfanne ohne Fettzugabe auf mittlerer Stufe erhitzen, die **Walnusskerne** darin 2–3 Minuten anrösten und abkühlen lassen. • Den Salat mit den Köttbullar auf zwei Tellern anrichten, die Walnüsse zerbröseln, über den Salat streuen und mit Petersilie garnieren.

Meine Tipps Die Kartoffeln unbedingt abkühlen lassen, damit sich die Stärke der Kartoffeln setzen kann und der Salat nicht matschig wird. • In Schweden serviert man die Köttbullar typischerweise mit Preiselbeeren. • Wenn Fleischbällchen und Salat übrig bleiben, kann man diese, wie es die Schweden besonders gern machen, auch am nächsten Tag auf einer Scheibe Vollkornbrot als Smörgås essen.

HÄHNCHEN AUF ORANGENKNUSPERREIS *mit Orangenschaum*

Die Rezeptidee für den Orangenschaum stammt von einem Freund, der auf Mallorca in Cala Ratjada eines der bekanntesten Restaurants der Insel betreibt: „Mama Pizza". Jedes Gericht auf der Karte, auch wenn es einfach klingt, ist ein absolutes Highlight. Dieses Gericht mit der fruchtigen Orangensauce lässt mich immer daran denken, auf seiner Terrasse zu sitzen und aufs Meer zu schauen. Die Süße der Orangensauce passt hervorragend zum Sommer.

Zubereitungszeit 35 Minuten
Für 2 Personen

Salz
150 g Basmatireis
400 g Hähnchenbrustfilet
2 EL Pflanzenöl
schwarzer Pfeffer aus der Mühle
1 EL Orangenmarmelade
Saft von 1 Orange
100 g Sahne
3–4 Stängel Minze

Den Backofen auf 80 °C Ober-/Unterhitze vorheizen. • 225 ml Wasser mit etwas **Salz** in einem Topf zum Kochen bringen. Den **Reis** hinzugeben, auf die niedrigste Hitze reduzieren und abgedeckt etwa 20 Minuten gar ziehen lassen. • In der Zwischenzeit das **Hähnchenfleisch** in 4–5 cm große Stücke schneiden. 1 EL **Pflanzenöl** in einer Pfanne erhitzen und die Hähnchenstücke darin von beiden Seiten je 3–4 Minuten braten. Mit **Salz** und **Pfeffer** würzen. Hähnchenstücke aus der Pfanne nehmen, auf einen Teller legen und im vorgeheizten Ofen warm halten. • **Marmelade** und die Hälfte des **Orangensafts** in die gleiche Pfanne geben und erhitzen. Die Sauce etwas reduzieren und abkühlen lassen. **Sahne** steif schlagen und kalt stellen. • Das restliche **Öl** in einer anderen Pfanne auf mittlerer Stufe erhitzen und den gekochten Reis darin bei mittlerer bis hoher Hitze unter häufigem Rühren 5–6 Minuten knusprig anbraten. • Inzwischen die **Minze** abbrausen, die Blätter fein hacken, mit restlichem **Orangensaft** zum gebratenen Reis geben und vermengen. • Die Orangensauce aus der Pfanne vorsichtig unter die Sahne heben. • Den knusprigen Reis auf zwei Teller geben, die Hähnchenstücke darauf anrichten und mit dem Orangenschaum beträufeln.

Meine Tipps Wird der Reis direkt nach dem Kochen gebraten, hat sich die Stärke noch nicht gesetzt und wird beim Braten schön knusprig. • Wer es originalgetreu à la „Mama Pizza" möchte, der ersetzt den Reis durch gebratene Gnocchi. • Minze grob zerzupft über das Gericht streuen, statt sie gehackt unter den Reis zu heben.

GEBACKENER FENCHEL *mit Perlgraupen-Risotto*

Fenchel hat normalerweise in Deutschland von Juni bis Oktober Saison, man bekommt ihn aber mittlerweile das ganze Jahr auch auf lokalen Märkten. Während in Osteuropa Perlgraupen gern als Beilage gereicht werden, sind sie hierzulande etwas in Vergessenheit geraten. Mit diesem Rezept möchte ich zeigen, wie einfach Fenchel zuzubereiten ist, und das mit einem kreativen Perlgraupen-Rezept und meinen Kindheitserinnerungen kombinieren.

Zubereitungszeit 35 Minuten plus ca. 5 Minuten Ruhezeit und 5 Minuten Überbacken
Für 2 Personen

Für das Perlgraupen-Risotto
1 Schalotte
50 g Butter
100 g Perlgraupen
Salz
50 ml Weißwein
100 g frischer Spinat
200 g Feta (45 % Fett)
1 Prise schwarzer Pfeffer aus der Mühle
1 Prise frisch geriebene Muskatnuss

Für den Fenchel
1 EL Olivenöl
1 TL edelsüßes Paprikapulver
1 TL mildes Currypulver
Saft von ½ Zitrone
Salz
2 Fenchelknollen (à 200 g)

Den Backofen auf 170 °C Umluft vorheizen. Ein Backblech mit Backpapier auslegen. • Für das Perlgraupen-Risotto die **Schalotte** schälen und fein hacken. Einen Topf auf mittlerer Stufe erhitzen, die **Butter** zerlassen und die Schalotten darin etwa 2–3 Minuten anschwitzen. • Die **Perlgraupen** hinzugeben, die Hitze erhöhen mit etwas **Salz** würzen, mit **Weißwein** ablöschen und die Flüssigkeit reduzieren, sodass der Alkohol verkocht. Dann 400 ml Wasser hinzugeben, zum Kochen bringen und bei niedriger Stufe etwa 20 Minuten garen. • Währenddessen für den Fenchel **Olivenöl, Paprika-** und **Currypulver, Zitronensaft** und eine Prise **Salz** in einer Schüssel vermengen. Den **Fenchel** putzen, waschen, den Strunk etwas herausschneiden und die Knollen längs in etwa 2 cm dicke Scheiben schneiden. In der Würzmischung wenden und etwa 5 Minuten ziehen lassen. • Die Fenchelscheiben auf das Backblech legen und im vorgeheizten Ofen etwa 15 Minuten backen. • Inzwischen den **Spinat** waschen, abtropfen lassen, die Hälfte des **Fetas** grob zerbröseln und beides zu den Perlgraupen geben. Mit **Pfeffer** und **Muskatnuss** würzen. • Das Backblech aus dem Ofen nehmen und die Temperatur auf 200 °C erhöhen. Das Perlgraupen-Risotto auf den Fenchelscheiben verteilen. Den restlichen **Feta** zerbröseln, darüberstreuen und im Ofen 5 Minuten überbacken, bis der Käse goldbraun geworden ist. • Herausnehmen, auf zwei Tellern anrichten und servieren.

Meine Tipps Das aromatische Grün des Fenchels kann fein gehackt als Topping für das Risotto verwendet werden. • Wenn man ohne Alkohol kochen möchte, kann alternativ Apfelsaft verwendet werden.

Ofen-Butternut
MIT ORANGEN-COUSCOUS
UND HACKFLEISCH

Als Kind durfte ich oft auf dem Bauernhof meines Onkels in Deutschland spielen. Dort wuchsen neben vielen anderen Frucht- und Gemüsesorten auch Kürbisse. Früh durfte ich damit auf dem Hof experimentieren. Zusammen mit der gewürzreichen Küche meines Vaters, die ich ebenfalls schon früh mitbekommen habe, ergab sich dann diese exotische und herrlich leckere Kombination.

Zubereitungszeit 40 Minuten plus ca. 60 Minuten Backzeit
Für 2 Personen

Für den Kürbis
1 mittelgroßer Butternut-Kürbis (ca. 1 kg)
1 EL Olivenöl
Salz

Für die Füllung
3 EL Orangensaft
3 EL Olivenöl
Salz
100 g Couscous
1 rote Zwiebel (75 g)
1 Knoblauchzehe oder 1 TL Knoblauch in Öl (siehe Seite 96)
400 g Rinderhackfleisch
1 kleiner Zweig Thymian
1 Msp. frisch geriebene Muskatnuss
1 Msp. gemahlener Zimt
1 Prise gemahlener Kreuzkümmel
½ TL Garam Masala
1 Msp. Cayennepfeffer
½ TL edelsüßes Paprikapulver
schwarzer Pfeffer aus der Mühle
Saft von ½ Limette
1 EL Doppelrahm-Frischkäse
1 TL Honig

Für das Topping
100 g Joghurt Natur (3,5 % Fett)
Fruchtkerne von ¼ Granatapfel

Den Backofen auf 180 °C Umluft vorheizen. • Den **Kürbis** waschen, längs halbieren, die Kerne mit einem Löffel entfernen und die Hälften innen mit **Olivenöl** beträufeln. Mit **Salz** würzen, auf ein Backblech setzen und im vorgeheizten Ofen etwa 60 Minuten backen, bis die Kürbishälften weich sind. • Inzwischen für die Füllung den **Orangensaft** mit 1 EL **Olivenöl,** etwas **Salz** und 200 ml Wasser in einen Topf geben und zum Kochen bringen. Den **Couscous** einrühren, den Herd ausschalten und abgedeckt 5 Minuten quellen lassen. In eine Schüssel füllen und beiseitestellen. • **Zwiebel** und **Knoblauchzehe** schälen und fein würfeln. 2 EL **Olivenöl** in einer Pfanne auf mittlerer Stufe erhitzen, Zwiebeln und Knoblauch darin etwa 2 Minuten anschwitzen. **Hackfleisch** hinzugeben und unter gelegentlichem Rühren 5 Minuten braten. • **Thymian** abbrausen, die Blätter abzupfen, mit **Muskatnuss, Zimt, Kreuzkümmel, Garam Masala, Cayennepfeffer** und **Paprikapulver** in die Pfanne geben, mit **Salz** und **Pfeffer** würzen und verrühren. Mit **Limettensaft** ablöschen, die Hitze reduzieren und zum Schluss **Frischkäse** und **Honig** unterrühren. Bei ausgeschalteter Herdplatte ruhen lassen. • Den Kürbis aus dem Ofen nehmen, mit einem Löffel grob das Fruchtfleisch herauslöffeln, ohne die Schalen zu verletzen, und zum Hackfleisch in die Pfanne geben. Den Couscous ebenfalls hinzugeben und alles gut vermengen. Mit **Salz** und **Pfeffer** abschmecken und die Mischung in die Kürbisschalen füllen. • Je eine gefüllte Kürbishälfte auf zwei Teller setzen, mit **Joghurt** und **Granatapfelkernen** toppen und servieren.

Meine Tipps Um sicher zu sein, dass der Kürbis gar und weich genug ist, mit einem Messer oder einem Holzspieß ins Fruchtfleisch stechen. Die Garzeit vom Kürbis kann etwas reduziert werden, wenn das Fruchtfleisch vorher mit einem Messer eingestochen wird. • Die ausgelöffelte Kürbisschale dient quasi als Schüssel für die Hackfleisch-Couscous-Mischung, kann aber auch mitgegessen werden. • Der Orangensaft verleiht dem Couscous eine wunderbar fruchtige Note. • Die Gewürze für die Hackfleischmischung kann man gut vorher abmessen und in ein kleines Glas füllen. So hat man bei der Zubereitung schon eine fertige Gewürzmischung, die man nur noch über das angebratene Fleisch geben muss. • Wer Thymian nicht mag, nimmt einfach zwei Stängel Petersilie.

OFEN-KNOLLENSELLERIE
MIT PFIRSICH-BURRATA

Deutsches Gemüse bekommt man auf dem Markt direkt um die Ecke. Es ist frisch, lecker und hat vor allem keine langen Wege hinter sich bringen müssen, um bei uns einzutreffen. Wenn die Gelegenheit günstig ist, besuche ich den Wochenmarkt in meiner Heimatstadt Hamm – man kennt sich seit Jahren und redet über Gott und die Welt. Die letzte Tasche vom Markt war voll mit Sellerie und ich konnte mich daran erinnern, wie gern meine Oma sonntags die ganze Familie zum Essen zusammentrommelte und Sellerie als Beilage gekocht hatte. Hier mein neuestes Lieblingssellerierezept – ein bisschen auf modern getrimmt.

Zubereitungszeit 15 Minuten plus 2 Stunden Backzeit
Für 2 Personen

2 Knollensellerie (ca. 500 g)
4 EL Olivenöl
Meersalz
2 Pfirsiche (siehe Tipp)
½ TL Zucker
2 Burrata-Kugeln (à 125 g)
Basilikumblätter zum Garnieren

Den Backofen auf 170 °C Ober-/Unterhitze vorheizen. • **Sellerie** gut waschen und eventuell mit einer Bürste von Erde befreien. Den Strunkansatz jeweils etwas abschneiden und die Knollen auf ein mit Backpapier ausgelegtes Backblech setzen. Mit dem **Öl** einpinseln und gut mit **Salz** bestreuen. Im vorgeheizten Ofen auf der mittleren Schiene etwa 2 Stunden backen. • Kurz vor Ende der Backzeit die **Pfirsiche** waschen, ungeschält klein würfeln und mit dem **Zucker** bestreuen. • Das Backblech herausnehmen und die Sellerieknollen oben kreuzweise einschneiden. Die Viertel mit einem Löffel vorsichtig zur Seite drücken, sodass in der Mitte eine Mulde für die Burrata entsteht, aber der Sellerie unten trotzdem noch zusammenhängt. • Die **Burrata-Kugeln** abtropfen lassen und vorsichtig in den Mulden platzieren. Mit den Pfirsichwürfeln toppen und noch mal 5 Minuten backen. • Aus dem Ofen nehmen, den Sellerie auf zwei Teller setzen, mit **Basilikum** garnieren und servieren. – Die Selleriehaut beim Essen entfernen.

Meine Tipps Je nach Größe des Selleries kann sich die Backzeit ändern. Um den Gargrad zu prüfen, mit einem scharfen Messer oder einem Holzspieß hineinstechen – die Knolle sollte weich sein. • Je nach Geschmack kann der Sellerie auch mit Frischkäse, Schinken und ähnlich kreativen Zutaten gefüllt werden. • Falls gerade keine Saison ist oder Pfirsiche nicht zu bekommen sind, kann man stattdessen auch Nektarinen, Pflaumen, Ananas oder Mango nehmen oder Pfirsiche aus der Dose verwenden.

vegetarisch glutenfrei

Kritharaki mit
GEBACKENEM HONIG-FETA
UND ZWIEBELN

Die griechische Küche wird oft unterschätzt. Häufig bekommt man in Deutschland Fritten oder andere gewöhnliche Beilagen zu seinem Gericht serviert. Griechische Kritharaki sind hier noch nicht so bekannt, sie sind aber sehr schmackhaft und einfach in der Zubereitung. Die kleinen Nudeln in Reisform werden auch „Orzo" oder „Risoni" genannt und bestehen aus Hartweizengrieß. In Athen durfte ich einigen griechischen Hausfrauen über die Schulter schauen und Ideen für mein Kochbuch sammeln.

Zubereitungszeit 10 Minuten plus 15 Minuten Backzeit und 5 Minuten Ruhezeit
Für 2 Personen

400 g stückige Tomaten aus der Dose
4 EL Olivenöl
Salz
schwarzer Pfeffer aus der Mühle
150 g Kritharaki
1 rote Zwiebel
1 TL Honig
1 TL Zitronensaft
½ TL edelsüßes Paprikapulver
200 g Feta (45 % Fett)
1 Glas (90 g) Kapern in Lake
1 TL Thymianblätter (nach Belieben)

Den Backofen auf 180 °C Umluft vorheizen. • Die **Dosentomaten** mit 300 ml Wasser in einen Topf geben und zum Kochen bringen. 2 EL **Olivenöl** hinzufügen und mit **Salz** und **Pfeffer** würzen. Die **Kritharaki** einrühren und etwa 20 Minuten auf mittlerer Stufe köcheln lassen. • In der Zwischenzeit die **Zwiebel** schälen, in feine Ringe schneiden und in eine Schüssel geben. Restliches **Olivenöl, Honig, Zitronensaft** und **Paprikapulver** hinzufügen und vermengen. • Den **Feta** in die Mitte eines großzügigen Stücks Alufolie legen und mit der Zwiebelmischung toppen. Zu einem Päckchen verschließen und im vorgeheizten Ofen 15 Minuten backen. • Zum Schluss die **Kapern** abgießen, abtropfen lassen, zu den Kritharaki geben und noch mal 5 Minuten ziehen lassen, bis die Nudeln in der Tomatensauce schön schlotzig sind, dabei bei Bedarf noch etwas Wasser zugießen. • Die Kritharaki auf zwei Schalen oder tiefe Teller verteilen, den gebackenen Feta mit dem Zwiebeltopping halbieren und auf den Nudeln anrichten. Nach Belieben mit **Thymian** garnieren.

Mein Tipp Die griechische Küche kommt mit wenigen Zutaten aus, dafür sollte man aber bei der Wahl der Produkte auf Qualität und guten Geschmack setzen, zum Beispiel bei Olivenöl. Ein gutes Olivenöl ist besonders geschmacksintensiv. Nicht jeder mag aber diesen dominanten Geschmack. Mit dem Öl ist es wie beim Bier. Man darf ruhig verschiedene ausprobieren, bis man seinen Liebling für die mediterrane Küche gefunden hat.

BIFTEKI-BURGER MIT GRILLGEMÜSE UND ZAZIKI

Zubereitung auf der nächsten Doppelseite

BIFTEKI-BURGER MIT GRILLGEMÜSE *und Zaziki*

Zubereitungszeit 45 Minuten
Für 2 Personen

Für das Zaziki
½ Salatgurke
2 Knoblauchzehen
4–5 Stängel frischer Dill
100 g griechischer Joghurt Natur (10 % Fett)
1 TL Zitronensaft
1 EL Olivenöl
1 Prise Zucker
Salz
schwarzer Pfeffer aus der Mühle

Für das Grillgemüse
1 rote Paprika
1 rote Zwiebel
1 Fleischtomate
1 EL Olivenöl
1 TL flüssiger Honig
1 Prise Zucker
Salz
schwarzer Pfeffer aus der Mühle

Für das Zaziki die **Gurke** waschen, längs halbieren, entkernen, grob reiben, auf ein Küchentuch geben und die Flüssigkeit ausdrücken. **Knoblauchzehen** schälen und fein würfeln. Den **Dill** waschen und fein hacken. • Gurkenraspel, Knoblauch und Dill in eine Schüssel geben, **Joghurt, Zitronensaft** und **Olivenöl** dazugeben, vermengen und mit **Zucker, Salz** und **Pfeffer** abschmecken. Das Zaziki im Kühlschrank kalt stellen. • Den Backofen auf 160 °C Umluft vorheizen. • Für das Grillgemüse die **Paprika** waschen, entkernen und in Streifen schneiden. **Zwiebel** schälen und grob in Ringe schneiden. **Tomate** waschen, den Stielansatz entfernen, das Fruchtfleisch halbieren, entkernen und grob in Streifen schneiden. • Eine Grillpfanne mit dem **Olivenöl** einpinseln und auf mittlerer Stufe erhitzen. Paprika-, Zwiebel- und Tomatenstücke darin etwa 3–4 Minuten grillen, dabei zwischendurch wenden. **Honig** darüberträufeln, mit **Zucker** bestreuen und mit **Salz** und **Pfeffer** würzen. Vom Herd nehmen. • Für die Bifteki **Petersilie** und **Oregano** waschen, trocken schütteln und fein hacken. Das **Hackfleisch** in eine Schüssel geben, Kräuter, **Ei, Paniermehl, Kreuzkümmel, Zitronensaft,** etwas **Salz** und **Pfeffer** hinzugeben und gut vermengen. Den **Schafskäse** in kleine

glutenfrei laktosefrei vegetarisch

Griechenland ist ein tolles, facettenreiches Land. Auch in Athen gibt es viele moderne, kreativ angerichtete Varianten der ursprünglichen griechischen Küche. Schnell, einfach und trotzdem lecker – ganz nach diesem Motto habe ich auf meiner Reise von Athen bis nach Chalkida eine neue Seite Griechenlands kennengelernt und die traditionelle Küche mit diesem Burger neu interpretiert.

Für die Bifteki
1–2 Stängel glatte Petersilie
2–3 Stängel Oregano
300 g Hackfleisch halb und halb
1 Ei (Größe M)
2 EL Paniermehl oder Semmelbrösel
½ TL gemahlener Kreuzkümmel
1 TL Zitronensaft
Salz
schwarzer Pfeffer aus der Mühle
100 g Schafskäse
2 EL Olivenöl

Für die Burger
2 Brioche-Brötchen (siehe Seite 77 oder Fertigprodukt)
Olivenöl zum Einpinseln

Würfel schneiden. Aus der Hackfleischmasse zwei Kugeln formen, von oben ein Loch eindrücken, mit Schafskäse füllen, verschließen und zu leicht abgeflachten Bifteki formen. • **Olivenöl** in einer Pfanne auf mittlerer Stufe erhitzen und die Bifteki darin von beiden Seiten je etwa 5–6 Minuten braten. • Inzwischen für die Burger die **Brioche-Brötchen** aufschneiden, die Schnittflächen mit etwas **Olivenöl** einpinseln, auf ein Backblech geben und im vorgeheizten Ofen etwa 3–4 Minuten backen. • Auf die unteren Brioche-Hälften Grillgemüse und Burger mit dem Zaziki schichten, die oberen Brötchenhälften auflegen und servieren.

Meine Tipps Wer Lust hat, backt die Brioche-Brötchen selbst, aber ein schneller Gang zum Bäcker ist eine gute Alternative und man hat in der Küche Zeit für andere wichtige Dinge. • Beim Olivenöl sollte man den einen oder anderen Euro mehr investieren. Ein gutes Olivenöl ist gerade in der mediterranen Küche unverzichtbar. Probiere auch gern erst einmal aus, um das richtige Olivenöl für dich zu finden. • Falls keine Grillpfanne vorhanden ist, kann das Gemüse in einer herkömmlichen Pfanne angebraten werden.

PASTINAKEN-CARPACCIO
mit Apfel-Rhabarber und Tomate

Pastinaken sind Rüben und gehören zur Familie der Doldenblütler. Vom Aussehen erinnern sie an eine gelbe Karotte, enthalten jedoch deutlich mehr Stärke und ähneln geschmacklich eher Kartoffeln. Wenn man Pastinaken dünn aufschneidet und in einer Pfanne brät, schmecken sie fast wie Bratkartoffeln und sind für mich eine erfrischende Abwechslung in der Küche. Säubert man Pastinaken ordentlich, kann man wie bei Kartoffeln die Schale mitessen.

Zubereitungszeit 25 Minuten
Für 2 Personen

2 Pastinaken (insgesamt 200–250 g)
2 EL Pflanzenöl
Saft von ½ Limette
Salz
1 Rhabarberstange
1 Apfel
schwarzer Pfeffer aus der Mühle
1 Tomate
5–6 Stängel Basilikum
1 EL Pinienkerne
½ TL flüssiger Honig
1 EL Olivenöl

Pastinaken schälen und längs in feine Scheiben schneiden. 1 EL **Öl** in einer Pfanne erhitzen und die Scheiben darin von beiden Seiten je 3–4 Minuten goldbraun braten. • Mit **Limettensaft** ablöschen, mit **Salz** würzen und die Pastinakenscheiben auf zwei Tellern auslegen. • **Rhabarber** schälen und in feine Streifen schneiden. Den **Apfel** schälen, vierteln, entkernen und ebenfalls in Streifen schneiden. • Restliches **Pflanzenöl** in einer Pfanne (man kann ruhig noch mal die Pastinaken-Pfanne verwenden) auf mittlerer Stufe erhitzen und die Rhabarber- und Apfelstreifen darin 2–3 Minuten braten. Sie sollen nicht zu sehr zerfallen, es dürfen ruhig noch festere Stücke dabei sein. Mit **Salz** und **Pfeffer** würzen und auf den Pastinakenscheiben verteilen. • Die **Tomate** waschen, den Strunk entfernen, das Fruchtfleisch halbieren, entkernen und in feine Streifen schneiden. Das **Basilikum** abbrausen, trocken schütteln und fein hacken. Tomaten und Basilikum mit **Pinienkernen** und **Honig** vermengen und den Apfel-Rhabarber damit toppen. Mit **Olivenöl** beträufeln, nach Geschmack mit **Salz** und **Pfeffer** würzen und servieren.

Meine Tipps Je dünner die Pastinaken geschnitten werden, desto knuspriger werden sie. Wer es gern knusprig mag, der kann die Pastinakenscheiben auch im Backofen bei 180 °C Umluft 15 Minuten kross backen. • Den Rhabarber kann man auch mit anderen Obstsorten kombinieren, zum Beispiel mit Blaubeeren, Erdbeeren oder Stachelbeeren. • Der Honig in der Tomaten-Basilikum-Mischung nimmt dem Rhabarber seine säuerliche Note.

vegetarisch laktosefrei glutenfrei

Balik Ekmek – ORIENTALISCHES FISCHBRÖTCHEN

Bei der türkischen Küche denkt man häufig an Döner, Kebab, Lahmacun und Köfte. Doch wer hätte gedacht, dass mich in Istanbul ausgerechnet dieses Fischbrötchen aus den Socken haut und für mich eines der leckersten Fischbrötchen der Welt ist. Balik Ekmek ist ein Highlight der Streetfood-Küche in Istanbul – dort wird das Fischbrötchen meist mit Makrele gefüllt, kann aber auch durch andere Fischsorten ersetzt werden.

Zubereitungszeit 20 Minuten
Für 2 Personen

300 g Zanderfilet (à 150 g)
1 Mini-Römersalatherz
1 rote Zwiebel
3–4 Stängel Minze
2 EL Olivenöl
Saft von ½ Limette
1 Prise Chilipulver
Salz
schwarzer Pfeffer aus der Mühle
2 kleinere bis mittelgroße Baguettes
4 EL Ajvar (würzige Paprikapaste)

Die **Zanderfilets** mit kaltem Wasser abbrausen und trocken tupfen. Die **Salatblätter** lösen, waschen und trocken schütteln. • Die **Zwiebel** schälen und in feine Ringe schneiden. Die **Minze** waschen, Blätter fein hacken und mit den Zwiebeln in eine Schüssel geben. 1 EL **Olivenöl, Limettensaft, Chilipulver,** jeweils eine Prise **Salz** und **Pfeffer** hinzufügen und vermengen. • Das restliche **Olivenöl** in einer großen Pfanne bei mittlerer Hitze erhitzen und die Zanderfilets darin von beiden Seiten etwa 2–3 Minuten anbraten. Auf einen Teller geben. • Den Pfannensatz mit **Salz** und **Pfeffer** würzen und wieder erhitzen. Die **Baguettes** längs halbieren und mit den Schnittflächen nach unten in der Pfanne etwa 2 Minuten bei mittlerer Hitze anbraten. • Die Schnittflächen mit je 1 EL **Ajvar** bestreichen. Die Salatblätter auf den unteren Baguettehälften verteilen, mit Fischfilets und Zwiebelmischung belegen, mit den oberen Baguettehälften bedecken und genießen.

Mein Tipp Ajvar ist eine leicht scharfe, würzige Paprikapaste, die man mittlerweile in allen Supermärkten bekommt. Alternativ dazu kann das allerdings deutlich schärfere Sambal Oelek oder eine milde Tomatensauce verwendet werden.

PISTAZIEN-FOCACCIA
mit Pflaumen und Feigen

Focaccia ist ein köstlicher Hefeteigfladen aus Italien. Dort wird sie traditionell zum Frühstück verspeist. Die Italiener lieben Focaccia allerdings zu jeder Tageszeit, denn sie ist einfach die Königin unter den Backwaren.

Zubereitungszeit 15 Minuten plus 30 Minuten Ruhezeit und ca. 30–35 Minuten Backzeit
Ergibt 1 große Focaccia

Für den Teig
1 EL Zucker
Salz
1 Würfel frische Hefe
2 EL Olivenöl plus etwas mehr zum Einölen
1 EL gehackte Pistazienkerne
500 g Weizenmehl (Type 405)

Für den Belag
2 Pflaumen
3–4 Feigen (alternativ getrocknete Feigen)
150 ml passierte Tomaten
Salz
schwarzer Pfeffer aus der Mühle

Außerdem
Springform (Ø 24–26 cm)

Für den Teig 320 ml handwarmes Wasser mit **Zucker** und etwas **Salz** in eine Schüssel geben und die **Hefe** darin auflösen. 1 EL **Olivenöl, Pistazien** und **Mehl** dazugeben und mit den Händen zu einem glatten Teig verarbeiten. In die **eingeölte** Springform geben (der weiche Teig verteilt sich selbst), abdecken und 30 Minuten an einem warmen Ort gehen lassen. • In der Zwischenzeit den Backofen auf 160 °C Umluft vorheizen. • Für den Belag die **Pflaumen** waschen, entsteinen und in Scheiben schneiden. Die **Feigen** waschen und ebenfalls in Scheiben schneiden. • Den aufgegangenen Teig mit dem restlichen **Olivenöl** einpinseln und großzügig mit den Feigen- und Pflaumenscheiben belegen. Dann die **Tomaten** großzügig darüber verteilen und im vorgeheizten Ofen etwa 30–35 Minuten backen. • Die Focaccia aus dem Ofen nehmen, mit etwas **Salz** und **Pfeffer** würzen und abkühlen lassen.

Meine Tipps Wer den Boden besonders knusprig mag, ölt den Teig von unten etwas ein. • Um handwarmes Wasser zu erhalten, kann man dieses in der Mikrowelle etwa 1 Minute erhitzen.

ZUCCHININUDELN Carbonara-Style MIT SALBEI-TOMATEN

Pasta durch Gemüse zu ersetzen, liegt voll im Trend. Längst werden nicht nur Zucchini zu sogenannten Zoodles, sondern auch Karotten zu veganen Nudeln geschnitten. Zucchini waren für mich immer ein Gemüse mit wenig Geschmack und blieben auf meinem Teller immer als Letztes übrig. Bei diesem Rezept ist die Zucchini nicht nur das Erste, das ich esse, es ist auch bis zum letzten Bissen lecker.

Zubereitungszeit 20 Minuten
Für 2 Personen

2 Zucchini (für 300 g Zucchininudeln)
1 Fleischtomate
10 g Salbeiblätter
2 EL Pflanzenöl
2 Eier (Größe M)
Salz
schwarzer Pfeffer aus der Mühle
70 g Parmesan am Stück

Außerdem
Spiralschneider (siehe auch Tipp)

Zucchini waschen und mit dem Spiralschneider in Nudeln schneiden. **Tomate** waschen, den Stielansatz entfernen, das Fruchtfleisch halbieren, entkernen und fein würfeln. **Salbei** abbrausen, trocken schütteln und fein hacken. • **Pflanzenöl** in einer Pfanne auf mittlerer Stufe erhitzen, Zoodles, Tomatenwürfel und Salbei hineingeben und etwa 5 Minuten anschwitzen. • Inzwischen die **Eier** in einer Schüssel mit einer Gabel verrühren und mit **Salz** und **Pfeffer** würzen. **Parmesan** reiben und gut einrühren. • Die Hitze etwas reduzieren, die Eiermischung über die Zoodles gießen und 2–3 Minuten garen, bis das Ei anfängt zu stocken. • Am besten mit einer Gabel oder einer Zange die Zoodles in der Pfanne aufdrehen und auf zwei Teller geben. Mit **Salz** und **Pfeffer** bestreuen und servieren.

Mein Tipp Wer keinen Spiralschneider zur Hand hat oder nicht unbedingt einen kaufen möchte, kann auch einen Sparschäler benutzen. Dafür die Zucchini auf ein Küchenbrett legen und von oben bis unten Streifen mit dem Sparschäler abziehen. Dann die Streifen mit einem Messer längs in schmalere Streifen schneiden.

laktosefrei glutenfrei

Burrata-Gnocchi
mit knackigen Zuckerschoten

Mein Arbeitstag beginnt in der Regel ziemlich stressig. Ich merke, dass sich dieser Stress oft bis zum späten Abend hinzieht und mir keine Zeit für ein leckeres Essen für Körper, Leib und Seele bleibt – auch ich musste lernen, dass das Leben viel zu kurz für schlechtes Essen ist. Für diesen Wohlfühlfaktor nehme ich mir nun gern Zeit, bereite ein leckeres Gericht zu und genieße einen ausgedehnten Mittagssnack mit Pernilla.

Zubereitungszeit 15 Minuten
Für 2 Personen

Salz
300 g Gnocchi (Fertigprodukt)
200 g Zuckerschoten
2 EL Olivenöl
5–10 Salbeiblätter
50 g Cashewkerne
1 Prise frisch geriebene Muskatnuss
schwarzer Pfeffer aus der Mühle
150 g Burrata

Reichlich Wasser mit 1 TL **Salz** in einem Topf zum Kochen bringen. Die **Gnocchi** hineingeben, etwa 2–3 Minuten kochen und dann abgießen. • Die **Zuckerschoten** putzen und waschen. **Olivenöl** in einer Pfanne erhitzen und die Zuckerschoten darin 2 Minuten anbraten. • Die Gnocchi hinzugeben und 2 Minuten mitbraten. **Salbeiblätter** abbrausen, mit den **Cashewkernen** hinzugeben und vermengen. Mit **Muskat** würzen, mit **Salz** und **Pfeffer** abschmecken und die **Burrata** darübergeben. Leicht verrühren, bis die Burrata Fäden zieht. Auf zwei Teller geben und genießen.

Mein Tipp Anstatt die Burrata in der Pfanne unter die Gnocchi zu heben, kann man die Gnocchi-Zuckerschoten-Mischung auch in eine Auflaufform geben, die Burrata darauf verteilen und im vorgeheizten Backofen bei 200 °C Ober-/Unterhitze etwa 5 Minuten überbacken, sodass der Käse über den Gnocchi schmilzt und leicht braun wird.

PARMESAN-SPINAT-GNOCCHI
mit Salbei-Kaffee-Butter

Die Trattoria von Anna Maria in der Altstadt von Bologna ist nicht nur für die beste Bolognesesauce der Welt bekannt. In ihrer eigenen Nudelmanufaktur durfte ich auch lernen, wie man richtige Gnocchi zubereitet. Zu Hause habe ich es mit Spinat und auch mal mit Süßkartoffeln statt normalen Kartoffeln probiert und musste feststellen, dass Gnocchi einfach in jeder Variation köstlich sind.

Zubereitungszeit 40 Minuten
Für 2 Personen

300 g frischer Blattspinat
2 Knoblauchzehen
½ rote Chili
100 g Parmesan am Stück
2 Eigelb (Größe M)
100 g Ricotta (12 % Fett)
150 g Weizenmehl (Type 405)
1 Msp. frisch geriebene Muskatnuss
Salz
schwarzer Pfeffer aus der Mühle
20 g frische Salbeiblätter
75 g Butter
5 ganze Kaffee- oder Espressobohnen
1 TL Biozitronenabrieb

Wasser in einem Topf zum Kochen bringen. **Spinat** waschen, ins kochende Wasser geben und 3–4 Minuten garen. Dann in ein Sieb abgießen und abkühlen lassen. • In der Zwischenzeit die **Knoblauchzehen** schälen und fein würfeln. **Chili** waschen, entkernen und fein würfeln. Den **Parmesan** reiben. • Das Wasser vorsichtig aus dem Spinat drücken, dann fein hacken und in eine Schüssel geben. Knoblauch, Chili, die Hälfte vom Parmesan, **Eigelb, Ricotta, Mehl, Muskat,** etwas **Salz** und **Pfeffer** hinzufügen und mit den Händen zu einem homogenen Teig verarbeiten. • Aus dem Teig kleine Portionen (à etwa 20 g) abstechen, mit den Händen zu Nocken formen und auf Backpapier legen. Reichlich Wasser in einem Topf zum Kochen bringen, die Gnocchi zugeben, die Hitze reduzieren und Gnocchi etwa 10 Minuten gar ziehen lassen, bis sie oben schwimmen. Mit einem Schaumlöffel aus dem Kochwasser heben. • Inzwischen die **Salbeiblätter** abbrausen und trocken tupfen. Eine Pfanne erhitzen, die **Butter** darin zerlassen, den Salbei etwa 4 Minuten anschwitzen und kross werden lassen, dabei nach 2 Minuten die **Kaffeebohnen** zugeben. • Die Gnocchi in die Pfanne geben und gut schwenken, sodass sie mit Salbei-Kaffee-Butter überzogen sind. • Auf zwei Teller geben, mit dem restlichen Parmesan bestreuen und mit **Zitronenabrieb** toppen.

Meine Tipps Der Teig ist fertig, wenn er nicht mehr klebt. Falls nötig, etwas mehr Mehl hinzugeben. • Für das gleichmäßige Formen der Nocken kann ein Esslöffel hilfreich sein. • Die Kaffeebohnen geben dem Gericht eine leicht nussige und außergewöhnliche Note.

LIMETTEN-ZIMT-
KARTOFFELSTAMPF
mit Salsiccia in Tomatensauce

Bei dem Wort „Salsiccia“ denkt man an eine grobe Fenchelbratwurst. Als ich in Bologna war und mit Tante Maria italienische Gerichte gekocht habe, hat sie mich allerdings eines Besseren belehrt: In Italien ist die Salsiccia lediglich eine gewöhnliche grobe Bratwurst ohne Fenchel. Mit diesem Gericht bringe ich ein Stück Italien in meine Heimat Westfalen und vereine den würzigen Geschmack von Salsicce in Tomatensauce mit einem außergewöhnlichen Kartoffelstampf.

Zubereitungszeit 30 Minuten
Für 2 Personen

Für den Stampf
500 g mehligkochende Kartoffeln
Salz
3 EL Milch (3,5 % Fett)
75 g Butter
1 Prise gemahlener Zimt
½ TL Biolimettenabrieb

Für Wurst und Tomatensauce
4 Salsicce oder grobe rohe Bratwürste (insgesamt ca. 450 g)
1 EL Olivenöl
300 g Basic-Tomatensauce (siehe Seite 180)
1 TL gehackte glatte Petersilie

Für den Stampf die **Kartoffeln** schälen, vierteln und in **gesalzenem** Wasser etwa 20 Minuten gar kochen. • Inzwischen das **Wurstbrät** in Stücken aus dem Salsiccia-Darm herausdrücken und zu Bällchen formen. **Olivenöl** in einer Pfanne auf mittlerer Stufe erhitzen und die Wurstbrätbällchen darin 3–4 Minuten rundum goldbraun braten. Die **Tomatensauce** dazugeben und noch etwa 3 Minuten erhitzen. • Die Kartoffeln abgießen und kurz ausdampfen lassen. **Milch, Butter, Zimt,** etwas **Salz** und **Limettenabrieb** dazugeben und zerstampfen. • Den Kartoffelstampf mit Wurstbällchen und Tomatensauce auf zwei Tellern anrichten und mit **Petersilie** garnieren.

Meine Tipps Wer es gern würzig mag, kann dieses Gericht auch mit einer Fenchelbratwurst zubereiten. • Kartoffelstampf, den meine Oma mir als Kind oft zubereitet hat, ist eines meiner Lieblingsgerichte. Ich mag es besonders gern, wenn der Stampf nicht zu fein und homogen, sondern noch etwas stückig ist.

MIT FRISCHKÄSE UND

AVOCADO PANINI-STYLE

Naan ist ein typisch indisches Hefebrot. Durch den Joghurt im Teig schmeckt es frisch und leicht säuerlich. Bestrichen mit Tomatenfrischkäse und belegt mit Avocado ist das meine indische Variante des typischen Avocadobrotes.

Zubereitungszeit 35 Minuten plus ca. 30 Minuten Ruhezeit
Für 2 Personen

Für die Naan-Brote
70 ml Milch (3,5 % Fett)
1 EL Zucker
1 EL Pflanzenöl plus etwas zum Beträufeln
60 g Joghurt Natur (3,5 % Fett)
½ Würfel frische Hefe
1 Ei (Größe M)
275 g Weizenmehl (Type 405) plus etwas zum Bestäuben
Salz

Für den Belag
½ rote Zwiebel
1 kleine Knoblauchzehe
½ mittelscharfe rote Chili
10 Korianderblätter
1 Tomate
200 g Doppelrahm-Frischkäse
1 TL Zucker
1 TL Limettensaft
Salz
schwarzer Pfeffer aus der Mühle
1 reife Avocado

Für die Naan-Brote **Milch, Zucker, Pflanzenöl** und **Joghurt** in einen Topf geben, handwarm erwärmen, vom Herd nehmen und die **Hefe** darin auflösen. • Das **Ei** in einer Schüssel verquirlen. **Mehl** mit etwas **Salz** in eine andere Schüssel geben, Milchmischung mit dem Ei dazugeben und zu einem glatten Teig verarbeiten. Mit einem Küchentuch abdecken und etwa 30 Minuten gehen lassen. • In der Zwischenzeit für den Belag **Zwiebel** und **Knoblauchzehe** schälen und würfeln. Die **Chili** waschen, entkernen und in feine Würfel schneiden. **Koriander** abbrausen und fein hacken. Die **Tomate** waschen, den Stielansatz herausschneiden, das Fruchtfleisch halbieren, entkernen und würfeln. Alles in eine Schüssel geben, **Frischkäse, Zucker** und **Limettensaft** hinzufügen, mit **Salz** und **Pfeffer** würzen und vermengen. • Den aufgegangenen Teig halbieren, zu Kugeln formen und auf einer **bemehlten** Arbeitsfläche etwa 5 mm dick esstellergroß ausrollen. Eine Pfanne ohne Öl erhitzen und die Teigfladen darin nacheinander bei mittlerer Hitze von beiden Seiten jeweils 3–4 Minuten braten. Zuletzt mit einigen Tropfen **Öl** beträufeln, mit **Salz** bestreuen und kurz abkühlen lassen. • Inzwischen die **Avocado** halbieren, entkernen, das Fruchtfleisch auslösen und in feine Streifen schneiden. • Die Naan-Brote zur Hälfte mit der Frischkäsemischung bestreichen, die Avocado darauf verteilen, die Brote zuklappen und servieren.

Meine Tipps Avocadobrot wird mittlerweile in vielen Cafés und Bistros serviert und wer ein Fan davon ist, der kann die Naan-Brote zusätzlich mit je einem pochierten Ei füllen. • Für das Entkernen der Tomate diese halbieren und die Kerne mit einem Löffel entfernen.

TURBOZARTE
SCHASCHLIKSPIESSE

Gulaschfleisch sollte normalerweise 2–3 Stunden gegart werden, damit die Fleischstücke schön zart werden. Hier sorgt die Kiwi-Buttermilch dafür, dass die Proteine gespalten werden und das Fleisch viel schneller zart wird. Warum also lange garen, wenn's auch schnell gehen kann und trotzdem super schmeckt?

Zubereitungszeit 25 Minuten plus ca. 30 Minuten Marinierzeit
Für 2 Personen

2 Kiwis
100 ml Buttermilch
400 g Rindergulasch
1 rote Paprika
2 rote Zwiebeln
100 g kernlose rote Weintrauben
10–12 Cherrytomaten
½ TL Fenchelsamen
1 TL Honig
1 TL Limettensaft
Salz
schwarzer Pfeffer aus der Mühle
1 EL Pflanzenöl
Saft von 1 Zitrone

Außerdem
8 Schaschlikspieße aus Metall oder Holzspieße

Die **Kiwis** schälen, in Stücke schneiden und in einen hohen Mixbecher geben, **Buttermilch** zugießen und mit dem Stabmixer kurz aufmixen. Das **Fleisch** in einen Gefrierbeutel oder eine Schüssel geben, die Kiwi-Buttermilch darübergießen, vermengen und etwa 30 Minuten marinieren. • Inzwischen die **Paprika** waschen, entkernen und grob in Stücke schneiden. Eine **Zwiebel** schälen und grob in Stücke schneiden. Die **Weintrauben** abzupfen und waschen, die **Cherrytomaten** ebenfalls waschen. • Die zweite **Zwiebel** schälen, fein würfeln und in eine Schale geben. **Fenchelsamen, Honig** und **Limettensaft** hinzugeben, mit **Salz** und **Pfeffer** würzen, vermengen und marinieren. • Das Gulasch aus der Marinade nehmen und im Wechsel mit Paprika, Zwiebelstücken, Trauben und Cherrytomaten auf die Schaschlikspieße ziehen. Die Marinade entsorgen. • Das **Pflanzenöl** in einer großen Pfanne auf mittlerer bis hoher Stufe erhitzen und die Spieße darin von beiden Seiten je 3–4 Minuten anbraten. Zuletzt mit **Zitronensaft** ablöschen und mit **Salz** und **Pfeffer** würzen. • Die Spieße auf zwei Teller legen und mit den marinierten Zwiebelwürfeln toppen. – Dazu passt ein Blatt- oder Tomatensalat und natürlich Ofenkartoffeln.

Meine Tipps Die Spieße eignen sich auch für einen tollen Grillabend. • Wer ein schnelles Gulasch kochen möchte, kann die gleiche Methode anwenden, so verringert sich die Zubereitungszeit erheblich. Die Kiwi-Buttermilch-Marinade funktioniert auch mit allen anderen Fleischsorten. Wichtig ist hierbei nur, das Fleisch nicht zu lange zu marinieren, sonst zerfällt es.

glutenfrei

Shakshuka

Hier werden Eier in Tomatensauce versenkt. Das Gericht, dessen Ursprung in Südafrika liegt, durfte ich dort zum ersten Mal kennenlernen. Da es aber von Israel aus durch die Welt gegangen ist, kennt man Shakshuka als israelisches Nationalgericht, das dort gern zum Frühstück gegessen wird. Landestypisch wird es direkt aus der Pfanne und mit einer Brotbeilage verspeist.

Zubereitungszeit 10 Minuten plus ca. 20 Minuten Garzeit und ca. 10 Minuten Backzeit
Für 2 Personen

1 rote Paprika
1 rote Zwiebel
1 Knoblauchzehe
2 EL Olivenöl
Salz
½ TL gemahlener Kreuzkümmel
1 TL edelsüßes Paprikapulver
½ TL Cayennepfeffer
Saft von ½ Zitrone
1 Dose (400 g) geschälte Tomaten
schwarzer Pfeffer aus der Mühle
100 g Schafskäse
6–8 Stängel Minze
4 Eier (Größe M)

Den Backofen auf 180 °C Umluft vorheizen. • **Paprika** waschen, entkernen und in feine Streifen schneiden. **Zwiebel** und **Knoblauchzehe** schälen und fein würfeln. • **Olivenöl** in einer großen ofenfesten Pfanne auf mittlerer Stufe erhitzen, Paprika und Zwiebeln mit einer Prise **Salz** darin unter gelegentlichem Rühren etwa 10 Minuten anschwitzen. Knoblauch hinzufügen und 2 Minuten mit anbraten. • **Kreuzkümmel, Paprikapulver** und **Cayennepfeffer** darüberstreuen und die Gewürze 1 Minute unter ständigem Rühren bei mittlerer Hitze anrösten. • Mit **Zitronensaft** ablöschen. **Tomaten** hinzugeben und die Tomatenstücke zerdrücken. Mit **Salz** und **Pfeffer** abschmecken und etwa 10 Minuten bei mittlerer Hitze einkochen lassen. • **Schafskäse** zerbröseln. **Minze** abbrausen, trocken schütteln, die Blätter hacken und mit dem Käse unter die Sauce rühren. • Die **Eier** aufschlagen und in die Tomatensauce gleiten lassen. Die Pfanne in den Ofen stellen und etwa 10 Minuten garen. • Herausnehmen und die Shakshuka-Pfanne zu Tisch bringen.

Meine Tipps Shakshuka wird typischerweise mit einem fluffigen Fladenbrot serviert. Das Brot wird dann direkt in die Sauce getunkt und gegessen. • Die Shakshuka-Sauce kann auch mit Thunfisch (Natur) aus der Dose oder mit Hackfleisch ergänzt werden.

Schnelle Shakshuka Falls Basic-Tomatensauce oder die vegetarische Basic-Tomatensauce (beides siehe Seite 180) zur Hand ist, lässt sich eine schnelle Shakshuka zubereiten: Paprikastreifen 10 Minuten im Öl braten. 300 g Tomatensauce zugeben, mit etwas Wasser verdünnen und etwa 5 Minuten köcheln lassen. Dann wie oben beschrieben zerbröselten Schafskäse und gehackte Minze einrühren, vier Eier hineingeben und im Backofen etwa 10 Minuten fertig garen.

vegetarisch glutenfrei

BRIOCHE-BRÖTCHEN

Ich liebe Brioche in jeglicher Ausführung – ob als süße Variante mit Marmelade oder herzhaft als Brötchen für Burger. Mit Brioche funktioniert alles! Dieses Rezept musste also seinen Weg in mein Kochbuch finden.

Zubereitungszeit 15 Minuten plus 75 Minuten Ruhezeit und 15–18 Minuten Backzeit
Ergibt 6 Stück

380 g Weizenmehl (Type 405)
2 EL Zucker
1 Prise Salz
½ Würfel frische Hefe, zerbröselt
100 ml handwarme Milch (3,5 % Fett)
2 Eier (Größe M)
150 g weiche Butter
1 Eigelb (Größe M)

Mehl, Zucker, Salz, Hefe, Milch und **Eier** in die Rührschüssel der Kuchenmaschine geben und zunächst 5 Minuten bei geringer Geschwindigkeit mit dem Knethaken verarbeiten. • Dann auf hohe Geschwindigkeit stellen und noch mal 5 Minuten zu einem homogenen Teig kneten. **Butter** hinzufügen und einarbeiten. Alternativ ein Handrührgerät verwenden. • Die Schüssel abdecken und den Teig etwa 60 Minuten an einem warmen Ort gehen lassen. • Den Backofen auf 180 °C Umluft vorheizen und ein Backblech mit Backpapier auslegen. • Den Teig in sechs gleich große Portionen teilen, zu Kugeln formen und mit Abstand auf das vorbereitete Backblech setzen. Die Teiglinge mit **Eigelb** bestreichen und weitere 15 Minuten ruhen lassen. • In den vorgeheizten Ofen geben und 15–18 Minuten backen. Herausnehmen und die Brioche-Brötchen auf einem Kuchengitter auskühlen lassen.

GINGER-
TARTE-TATIN

Der Legende nach soll die Tarte Tatin im 19. Jahrhundert von den betagten Schwestern Tatin in Frankreich zufällig erfunden worden sein. Zufällig – das ist genau das richtige Stichwort, denn schmeckt nicht, gibt es einfach nicht in der kreativen Küche! Ingwer eignet sich hervorragend für herzhafte, aber auch für süße Köstlichkeiten. Man bekommt ihn ja nur als ganze Wurzel und es bleibt immer etwas übrig. So wird der Kühlschrank bei mir geplündert und es entstehen wilde und verrückte Köstlichkeiten wie diese Tarte.

Zubereitungszeit 10 Minuten plus 25 Minuten Backzeit
Für 2 Personen

50 g Zucker
50 g Butter
20 g Ingwer
1 Prise Salz
1 großer Apfel (200 g)
2 Scheiben TK-Blätterteig (à 75 g), aufgetaut

Außerdem
2 runde Keramik-Tarteformen oder Wähenformen (Ø à ca. 12 cm)

Den Backofen auf 180 °C Umluft vorheizen. • Eine Pfanne auf mittlerer Stufe erhitzen, den **Zucker** hineinstreuen und vorsichtig karamellisieren. • Dann die **Butter** einrühren und mit dem Zucker vermengen, bis sie geschmolzen ist. **Ingwer** schälen, fein hacken und zum Karamell geben. • Butterkaramell in die Formen geben und mit **Salz** bestreuen. • Den **Apfel** waschen, ungeschält vierteln, entkernen, in feine Spalten schneiden und kreisförmig auf dem Karamell verteilen. • Den **Blätterteig** passend zurechtschneiden und bis zum Formenrand über die Apfelspalten legen. Den Teig fünf- bis sechsmal mit einer Gabel leicht einstechen und im vorgeheizten Ofen 25 Minuten goldgelb backen. • Herausnehmen, abkühlen lassen, die Tartes vorsichtig stürzen und auf zwei Teller setzen. – Schmeckt lauwarm und kalt.

Meine Tipps Wer möchte, serviert dazu je eine Kugel Vanilleeiscreme. • Der Teig sollte eingestochen werden, damit der Dampf beim Backen entweichen kann. • Falls keine kleinen Backformen vorhanden sind, kann man eine kleine ofenfeste Pfanne nehmen und eine etwas größere Tarte backen.

Die Silberhochzeit meiner Eltern in Bombay – ein unvergessliches Fest inklusive kulinarischer Hochgenüsse, für das wir gemeinsam gekocht haben.

Meine beiden Heimaten vereint: Der Hindu-Tempel in Hamm-Uentrop ist der größte südindische Tempel Kontinentaleuropas.

Entfernung von zu Hause
5.600 bis 7.600 Kilometer

INDIEN

Meine Wurzeln

CHAPATI-TOSTADA
mit Aprikosenlinsen

Dieses Rezept basiert auf einem meiner Lieblings-Streetfood-Gerichte aus Indien, das ich auf mexikanische Art als Tostada serviere. Nach meinem Studium habe ich mehrere Wochen eine Rundreise durch Indien unternommen, um meine Wurzeln kennenzulernen. Dabei durfte ich erfahren, dass das Land unheimlich viele Facetten hat – nicht nur kulturell und landschaftlich, sondern insbesondere auch kulinarisch. Bei den vielen Unterschieden, die sich in Zubereitungsart, verwendeten Gewürzen und Zutaten in den Regionen Indiens zeigten, blieb eines immer gleich: Ein Linsen-Chapati gibt es auf den Straßen Indiens an jeder Ecke.

Zubereitungszeit 35 Minuten plus ca. 60 Minuten Einweichzeit
Für 2 Personen

Für die Aprikosenlinsen
150 g rote Linsen
3 EL Aprikosenkonfitüre
3–4 EL naturtrüber Apfelsaft
3–4 EL Limettensaft
4 EL Pflanzenöl
Salz
schwarzer Pfeffer aus der Mühle

Für die Chapatis
250 g Weizenvollkornmehl
1 EL Pflanzenöl plus etwas zum Beträufeln
Salz
1 dünne Frühlingszwiebel
100 g Ricotta (12 % Fett)

Für die Aprikosenlinsen die **Linsen** in eine Schüssel geben, mit Wasser bedecken und etwa 60 Minuten quellen lassen, bis sie das gesamte Wasser aufgesogen haben. • Für die Chapatis **Mehl,** 130 ml lauwarmes Wasser, **Pflanzenöl** und etwas **Salz** in einer Schüssel zu einem glatten Teig kneten. Den Teig vierteln, zu Kugeln formen und esstellergroß ausrollen. Eine Pfanne auf mittlerer Stufe erhitzen und die Teigfladen darin von beiden Seiten ohne Öl jeweils 3–4 Minuten anbraten. Zum Schluss mit etwas **Öl** beträufeln und mit **Salz** würzen. • In der Zwischenzeit die **Aprikosenkonfitüre** mit **Apfelsaft, Limettensaft** und 3 EL **Pflanzenöl** sowie etwas **Salz** und **Pfeffer** in einer Schüssel glatt rühren. • Das restliche **Pflanzenöl** in einer Pfanne auf mittlerer Stufe erhitzen und die Linsen darin 4–5 Minuten dünsten, bis sie gelb werden. Dann zur Aprikosenmischung in die Schüssel geben und alles gut vermengen. • Die **Frühlingszwiebel** waschen und in feine Ringe schneiden. • Aprikosenlinsen auf den Chapatis verteilen, den **Ricotta** in Flocken darübergeben, mit Frühlingszwiebelringen toppen und die Tostadas lauwarm genießen.

Meine Tipps Je höher die Hitze beim Anbraten der Chapatis ist, desto knuspriger wird das Brot. • Die Chapati-Tostadas eignen sich auch sehr gut als Fingerfood. Dafür die belegten Chapatis vierteln und auf einer Platte anrichten.

One-Pot-Pilaw

Eines meiner liebsten vegetarischen Gerichte, wenn es schnell und einfach sein soll. Pilaw ist ein Reisgericht aus Indien und dem orientalischen Raum. Je nach Wohnort oder Herkunft einer indischen Familie variieren die Rezepte und werden über Generationen weitergegeben. Das macht es so spannend und interessant, in Indien ein Pilaw zu bestellen, denn es wird sicherlich überall anders schmecken.

Zubereitungszeit 25 Minuten plus 20 Minuten Backzeit
Für 2 Personen

2–3 Spekulatius
Salz
5 EL Pflanzenöl plus etwas zum Einölen
200 g Basmatireis
250 g Panir (indischer Frischkäse; Fertigprodukt oder siehe Seite 142)
250 g Cherrytomaten
1 EL Honig
½ TL brauner Zucker
1 mittelscharfe rote Chili
1 rote Zwiebel
2 Knoblauchzehen oder 1 TL Knoblauch in Öl (siehe Seite 96)
200 ml Kokosmilch
2 TL mildes Currypulver
1 TL edelsüßes Paprikapulver
Saft von ½ Limette

Den Backofen auf 160 °C Umluft vorheizen. • Die **Spekulatius** fein zerbröseln – sie dienen als Gewürz für den Reis. 300 ml Wasser, etwas **Salz** und 2 EL **Pflanzenöl** in einem Topf zum Kochen bringen. **Reis** und Spekulatiusbrösel ins kochende Wasser rühren und auf niedrigster Hitze abgedeckt 20 Minuten gar ziehen lassen. • Parallel dazu eine Auflaufform mit höherem Rand **einölen.** Den **Panir** in etwa 2 cm dicke Scheiben schneiden und in die Mitte der Form legen. **Cherrytomaten** waschen und um den Käse legen. • Die restlichen 3 EL **Pflanzenöl, Honig,** ½ TL **Salz** und **Zucker** in einer Schüssel verrühren. Die **Chili** waschen, entkernen, in feine Streifen schneiden und hinzufügen. **Zwiebel** und **Knoblauchzehen** schälen, fein würfeln, ebenfalls in die Schüssel geben und gut verrühren. Die Chilimarinade über Panir und Tomaten geben. In den vorgeheizten Ofen schieben und 15 Minuten backen. • Herausnehmen, mit **Kokosmilch** aufgießen und weitere 5 Minuten backen. • Aus dem Ofen nehmen und den Inhalt der Form mit einer Gabel zerdrücken, sodass eine sämige Masse entsteht. Mit **Currypulver** und **Paprikapulver** bestreuen, mit **Limettensaft** beträufeln und den fertig gegarten Reis unterrühren. In zwei Bowls füllen und genießen.

Meine Tipps Wichtig ist, den Deckel vom Reistopf die ganze Zeit geschlossen zu halten, so funktioniert der Topf wie ein Reisdämpfer. • In Spekulatius sind viele Gewürze, die dem Reis Aroma verleihen. Stattdessen kann man auch Kardamom, Kreuzkümmel, Gewürznelke oder nach Geschmack andere gemahlene Gewürze in das Reiswasser geben. Probiere aus und schau, was der Gewürzschrank hergibt!

Cashew-Kokos-Milchreis
MIT FRISCHER MINZE
und Kardamom

Milchreis ist auf der ganzen Welt bekannt. Jedes Land und jede Kultur hat Einfluss auf den Geschmack der zahlreichen Varianten. Wenn man im Internet „Milchreisrezept" als Suchbegriff eingibt, erhält man mehr als eine halbe Million Treffer. Ich selbst bin ein absoluter Milchreisfan und kann mich sogar für Fertigprodukte aus der Kühltheke begeistern. Der Weg zu diesem Milchreisrezept führte mich über das genussvolle Probieren einer unheimlichen Vielzahl von Milchreisspeisen auf der ganzen Welt. Entschieden habe ich mich am Ende tatsächlich – komischerweise – für eine vegane Variante, die durch die Frische der Minze, die Säure der Limette und das nussige Aroma der Cashews mein absoluter Liebling unter den zahlreichen – auch nicht veganen – Milchreisrezepten ist.

Zubereitungszeit 15 Minuten plus ca. 25 Minuten Garzeit
Für 2 Personen

2 Kardamomkapseln
300 ml Kokosmilch
70 g Cashewkerne
120 g Milchreis
3–4 Stängel Minze
1 EL Kokosblütenzucker
2 TL Limettensaft
½ TL Biolimettenabrieb

Kardamomkapseln aufbrechen und die Samen mörsern. In einen Topf geben, **Kokosmilch,** 50 g **Cashewkerne** und 240 ml Wasser dazugeben und zum Kochen bringen. Den **Reis** einrühren und bei niedriger Hitze abgedeckt etwa 25 Minuten garen. • Die **Minze** abbrausen und die Blätter fein hacken. **Kokosblütenzucker, Limettensaft** und **Limettenabrieb** mit etwa drei Vierteln der gehackten Minze zum Milchreis geben und unterrühren. In Schalen oder auf Tellern anrichten, mit restlicher Minze und restlichen **Cashewkernen** toppen und heiß, lauwarm oder kalt genießen.

Mein Tipp Statt die Kardamomsamen zu mörsern, kann man die Kapseln einfach aufbrechen und im Ganzen zum Reis geben. Das Aroma wird aufgenommen und die Kapseln können zum Schluss entfernt werden.

vegan laktosefrei glutenfrei

VEGANE NJOM-NJOMS UND MOMOS MIT HACKFLEISCHFÜLLUNG

Zubereitung auf der nächsten Doppelseite

VEGANE
Njom-Njoms

Vegane Teigtaschen – unten gebraten, oben gedämpft, die so lecker sind, dass man beim Verputzen nur noch „njom-njom" sagen kann. Wie die Momos sind diese Teigtaschen eine Kombination aus den indischen Samosas und den japanischen Gyoza. Sie müssen nicht frittiert werden, sind zu Hause leicht selbst gemacht und superlecker.

Zubereitungszeit 45 Minuten
Ergibt 10 Stück

Für die Füllung
2 Knoblauchzehen
20 g Ingwer
1 große Karotte
100 g Spitzkohl
200 g Tofu Natur
3 Frühlingszwiebeln
1 EL Pflanzenöl
1 EL Sojasauce
Salz
Saft von ½ Limette

Für den Teig
100 g Weizenmehl (Type 405) plus etwas zum Bestäuben
1 Msp. Salz
1 EL Pflanzenöl

Für die Füllung **Knoblauchzehen** und **Ingwer** schälen und fein würfeln. **Karotte** schälen und ebenfalls in feine Würfel schneiden. **Spitzkohl** waschen und in feine Streifen schneiden. Den **Tofu** mit den Händen zerbröseln. **Frühlingszwiebeln** putzen, in feine Ringe schneiden und 1 EL davon zum Garnieren beiseitelegen. • **Pflanzenöl** in einer Pfanne auf mittlerer Stufe erhitzen, Knoblauch und Ingwer darin etwa 1 Minute anschwitzen. Karottenwürfel hinzugeben und weitere 2 Minuten anschwitzen. Spitzkohl, Tofu und **Sojasauce** hinzugeben, mit **Salz** würzen und noch mal 2 Minuten anbraten, bis das Gemüse weich geworden ist. Zuletzt die Frühlingszwiebeln hinzugeben und mit **Limettensaft** beträufeln. Vom Herd nehmen und etwas abkühlen lassen. • Für den Teig **Mehl, Salz** und 50 ml handwarmes Wasser in eine Schüssel geben und zu einem glatten Teig kneten. Aus dem Teig zehn etwa 15 g schwere Kugeln formen und auf der **bemehlten** Arbeitsfläche zu dünnen Kreisen ausrollen. • Je 1 TL Füllung in die Mitte der Teigkreise geben, zu einem Halbmond hochklappen und die Ränder zusammendrücken. • **Pflanzenöl** in einer Pfanne auf mittlerer Stufe erhitzen, die Teigtaschen auf den Seiten hineinlegen und 3 Minuten goldbraun braten. Dann 3–4 EL Wasser hinzugeben, den Deckel aufsetzen und 3–4 Minuten dämpfen, bis das Wasser verkocht ist und die Teigtaschen glasig sind. So werden die Teigtaschen von unten knusprig gebraten und von oben gedämpft. • Je fünf Njom-Njoms auf zwei Teller setzen, mit Frühlingszwiebeln bestreuen und genießen.

MOMOS

mit Hackfleischfüllung

„Momos“ wird diese mit Fleisch gefüllte tibetische Variante der Teigtaschen genannt. Sie sind als Street Food ein Renner auf dem „Dach der Welt“ und werden auch in den umliegenden Himalaya-Regionen gern gegessen – als Vorspeise, Hauptspeise oder Snack, wie es gerade passt.

Zubereitungszeit 45 Minuten
Ergibt 10 Stück

Für die Füllung
1 rote Zwiebel
100 g Spitzkohl
1 mittelscharfe rote Chili
2 Knoblauchzehen
20 g Ingwer
1 EL Pflanzenöl
1 TL schwarze Senfsamen
1 TL Kreuzkümmelsamen
100 g Rinderhackfleisch
50 g Walnusskernhälften
Saft von ½ Limette
Salz
schwarzer Pfeffer aus der Mühle

Für den Teig
100 g Weizenmehl (Type 405) plus etwas zum Bestäuben
1 Msp. Salz
1 EL Pflanzenöl

Für die Füllung die **Zwiebel** schälen und fein würfeln. **Spitzkohl** waschen und in feine Streifen schneiden. Die **Chili** waschen, entkernen und ebenfalls in feine Streifen schneiden. **Knoblauchzehen** und **Ingwer** schälen und fein würfeln. • **Pflanzenöl** in einer Pfanne auf mittlerer Stufe erhitzen und die **Senf-** und **Kreuzkümmelsamen** darin rösten, bis sie anfangen zu tanzen. Zwiebeln und Spitzkohl zugeben und 5 Minuten garen. Chili, Knoblauch und Ingwer hinzufügen und kurz mitbraten. • Das **Hackfleisch** einrühren, die Hitze erhöhen und braten, bis das Fleisch durchgegart und die Flüssigkeit verkocht ist. • Zum Schluss **Walnusskerne** grob zerkleinern, hinzugeben, mit **Limettensaft** beträufeln und mit **Salz** und **Pfeffer** abschmecken. Vom Herd nehmen und etwas abkühlen lassen. • Für den Teig **Mehl, Salz** und 50 ml handwarmes Wasser in eine Schüssel geben und zu einem glatten Teig kneten. Aus dem Teig zehn etwa 15 g schwere Kugeln formen und auf der **bemehlten** Arbeitsfläche zu dünnen Kreisen ausrollen. • Je 1 TL Füllung in die Mitte der Teigkreise geben, zu einem Halbmond hochklappen und die Ränder zusammendrücken. • Das **Pflanzenöl** in einer Pfanne auf mittlerer Stufe erhitzen, die Teigtaschen auf den Seiten hineinlegen und 3 Minuten goldbraun braten. 3–4 EL Wasser hinzugeben, einen Deckel aufsetzen und 3–4 Minuten dämpfen, bis das Wasser verkocht ist und die Teigtaschen glasig sind. So werden die Teigtaschen von unten knusprig gebraten und von oben gedämpft. • Je fünf Momos auf zwei Teller setzen und genießen.

Dö-Naan

Dieses Rezept vereint das traditionelle indische Naan-Brot mit einer leckeren Döner-Füllung – eine Kombination aus schnellem selbst gebackenem Fladenbrot und einer Füllung, die man nach Geschmack variieren kann. Fast Food sollte vor allem schnell und lecker sein, aber trotzdem einen Mehrwert für Körper, Geist und Seele bieten.

Zubereitungszeit 50 Minuten
Für 2 Personen

Für die Naan-Brote
70 ml Milch (3,5 % Fett)
1 EL Zucker
1 EL Pflanzenöl plus etwas zum Beträufeln
60 g Joghurt Natur (3,5 % Fett)
½ Würfel frische Hefe
1 Ei (Größe M)
275 g Weizenmehl (Type 405) plus etwas zum Bestäuben
Salz

Für die Füllung
100 g Spitzkohl
100 g Rotkohl
Salz
2 TL Zucker
100 g Salatgurke
300 g Kalbsschnitzel
1 rote Zwiebel
1 EL Pflanzenöl
1 Prise gemahlener Kreuzkümmel
1 TL Limettensaft
2 EL cremiger Joghurt Natur (3,5 % Fett)
1 Prise Chiliflocken (nach Belieben)
schwarzer Pfeffer aus der Mühle
Minzeblätter zum Garnieren

Für die Naan-Brote **Milch, Zucker, Pflanzenöl** und **Joghurt** in einen Topf geben, handwarm erwärmen, vom Herd nehmen und die **Hefe** darin auflösen. • Das **Ei** in einer Schüssel verquirlen. **Mehl** mit etwas **Salz** in eine andere Schüssel füllen, die Milchmischung mit dem Ei hinzugeben und zu einem glatten Teig kneten. Mit einem Küchentuch abdecken und etwa 30 Minuten gehen lassen. • In der Zwischenzeit für die Füllung **Spitzkohl** und **Rotkohl** waschen, in feine Streifen schneiden und getrennt in zwei Schüsseln geben. Jeweils mit ½ TL **Salz** und 1 TL **Zucker** bestreuen, gut vermengen und etwa 10 Minuten ruhen lassen. • Die **Gurke** waschen, längs vierteln, entkernen, in Würfel schneiden, in eine weitere Schüssel geben und beiseitestellen. • **Kalbsschnitzel** in feine Streifen schneiden. Die **Zwiebel** schälen und in Ringe schneiden. **Pflanzenöl** in einer Pfanne auf mittlerer bis hoher Stufe erhitzen, dann Fleischstreifen und Zwiebelringe darin etwa 2 Minuten anbraten. Mit **Kreuzkümmel** und **Salz** würzen und vom Herd nehmen. • Den aufgegangenen Teig halbieren, zu Kugeln formen und auf einer **bemehlten** Arbeitsfläche etwa 5 mm dick essstellergroß ausrollen. Eine Pfanne ohne Fettzugabe erhitzen und die Teigfladen darin nacheinander bei mittlerer Hitze von beiden Seiten jeweils 3–4 Minuten braten. Zuletzt mit einigen Tropfen **Öl** beträufeln, mit **Salz** bestreuen, kurz abkühlen lassen und in ein Küchentuch legen, damit sie nicht austrocknen. • Rotkohl, Spitzkohl und Gurken zur Fleischmischung in die Pfanne geben, mit **Limettensaft** beträufeln und umrühren. • Die Fleisch-Salat-Mischung auf die Naan-Brote verteilen, mit je 1 EL **Joghurt** toppen, nach Belieben mit **Chiliflocken** und **Pfeffer** bestreuen, mit **Minze** garnieren und die Brote umklappen.

CHICKEN TIKKA MIT Limetten-Minze-Joghurt

Das ist ein absolut original indisches Rezept. Ein Gericht für den kleinen Hunger, das in Indien als typisches Streetfood in Zeitungspapier serviert und mit Joghurt getoppt wird. Einer Geschichte nach entstand aus dem ursprünglichen Chicken Tikka das Chicken Tikka Masala, weil einem englischen Adligen zu Kolonialzeiten die Sauce fehlte. Der Koch goss daraufhin die Marinade des Hähnchens mit Sahne, Kokosmilch und passierten Tomaten auf und es entstand ein sämiges Currygericht, das heute besonders in England sehr beliebt ist.

Zubereitungszeit 15 Minuten plus ca. 10 Minuten Marinierzeit
Für 2 Personen

Für das Tikka
1 TL mildes Currypulver
1 TL edelsüßes Paprikapulver
1 Prise Cayennepfeffer
2 Prisen Zucker
Salz
schwarzer Pfeffer aus der Mühle
1 Knoblauchzehe oder 1 TL Knoblauch in Öl (siehe Seite 96)
1 EL Joghurt Natur (3,5 % Fett)
2 EL Rote-Bete-Saft (Fertigprodukt)
Saft von ½ Limette
2 EL Pflanzenöl
400 g Hähnchenbrustfilet
1 TL gehackte Pistazienkerne

Für die Joghurtsauce
1–2 Stängel Minze
200 g Joghurt Natur (3,5 % Fett)
Saft von ½ Limette
1 Prise brauner Zucker
Salz

Für das Tikka **Currypulver, Paprikapulver, Cayennepfeffer, Zucker** sowie je zwei Prisen **Salz** und **Pfeffer** in eine Schüssel geben und vermischen. • **Knoblauchzehe** schälen, fein würfeln, mit **Joghurt, Rote-Bete-Saft, Limettensaft** und 1 EL **Pflanzenöl** zur Gewürzmischung geben und zu einer Marinade verrühren. • Das **Hähnchenbrustfilet** in 3–4 cm lange Streifen schneiden, in der Marinade wenden und etwa 10 Minuten ziehen lassen. • Restliches **Pflanzenöl** in einer Pfanne auf mittlerer Stufe erhitzen und die Hähnchenstreifen darin 3–4 Minuten anbraten, dabei zwischendurch wenden. • Inzwischen für die Joghurtsauce die **Minze** abbrausen, die Blätter fein hacken und in eine Schüssel geben. **Joghurt, Limettensaft, Zucker** und eine Prise **Salz** hinzugeben und zu einer Sauce verrühren. • Das Tikka-Hähnchen auf zwei Teller geben, mit Joghurtsauce beträufeln und mit gehackten **Pistazien** toppen. Alternativ die Joghurtsauce separat als Dip reichen.

Meine Tipps Für den etwas größeren Hunger kann man dazu ein leckeres Naan-Brot (siehe Seite 70) oder Chapatis (siehe Seite 108) reichen oder gegarten Basmatireis. Auch Kichererbsen-Papadums (siehe Seite 111) passen sehr gut dazu. • Für Grillfans können die Chicken-Streifen auch auf Spieße gezogen und gegrillt werden. • Dieses Rezept gelingt auch mit anderen Fleischsorten wie Schweine- oder Rinderfilet. • Für eine vegetarische Variante statt Hähnchenfleisch 400 g indischen Panir-Käse oder Tofu in Würfel schneiden, dann wie beschrieben marinieren und braten.

Curry-Zimt-Huhn

Dieses Gericht wird bei uns in der Kochschule gern gezeigt. Die Kombination von würzigem Curry und fruchtig-süßer, karamellartiger Sauce gibt dem Gericht einen ganz eigenen exotischen Charakter, der auch für viele Curry-Liebhaber ein neues Erlebnis ist. Das Curry-Zimt-Huhn wurde in der Sendung „Abenteuer Leben“ zu einem echten Highlight für die Kabel-Eins-Zuschauer.

Zubereitungszeit 15 Minuten
Für 2 Personen

400 g Hähnchenbrustfilet
1 Knoblauchzehe oder 1 TL Knoblauch in Öl (siehe unten)
2 EL Pflanzenöl
1 EL mildes Currypulver
100 ml Kokosmilch
4 EL Maracujasaft
1 gehäufter EL Schmand
1 TL brauner Rohrzucker
1 Prise gemahlener Zimt
Salz
6–8 kleine Minzeblätter (nach Belieben)

glutenfrei

Das **Hähnchenfleisch** in Streifen schneiden. **Knoblauchzehe** schälen und fein würfeln. • Das **Pflanzenöl** in einer Pfanne auf mittlerer Stufe erhitzen und die Hähnchenstreifen darin etwa 5 Minuten braten, bis sie gar sind, dabei zwischendurch wenden. • Die Hitze reduzieren, Knoblauch und **Currypulver** zugeben und verrühren. Die Hitze wieder etwas erhöhen, mit **Kokosmilch** und **Maracujasaft** ablöschen und aufkochen lassen. **Schmand** und **Zucker** einrühren, mit **Zimt** bestreuen und mit **Salz** abschmecken. • Das Curry-Zimt-Huhn auf zwei Teller verteilen, nach Belieben mit **Minze** garnieren und genießen.

Variante mit Ananas: Das Hähnchen wie beschrieben braten und aus der Pfanne nehmen. 1 EL Pflanzenöl in der Pfanne erhitzen und eine kleine gewürfelte rote Paprika darin 2–3 Minuten anbraten. 200 g frische Ananasstücke dazugeben und 1 Minute garen. Das Fleisch wieder hinzufügen und wie beschrieben fortfahren. Wer möchte, gibt statt gemahlenem Zimt kleine Stücke Zimtstange mit der Ananas in die Pfanne.

Knoblauch in Öl

Zubereitungszeit 15 Minuten
Ergibt 1 kleines Glas

1 Knoblauchknolle
Pflanzenöl zum Auffüllen

vegan laktosefrei glutenfrei

Knoblauchzehen schälen und fein würfeln. In ein kleines Glas geben, mit **Pflanzenöl** bedecken, verschließen und im Kühlschrank aufbewahren. – So hat man direkt etwas parat, das statt frischem Knoblauch verwendet werden kann, und muss nicht jedes Mal wieder schneiden. Ich selbst verwende nie eine Knoblauchpresse, denn durch das Pressen werden die Zellen zerstört und der Knoblauch wird bitter.

Meine Tipps Als Beilage passt gegarter Reis, aber auch Kichererbsen-Papadums (siehe Seite 111) und Naan-Brot (siehe Seite 70). • Das Hähnchen in nicht zu dicke Streifen schneiden, sodass man beim Röst- und Ablöschprozess mit der Hitze arbeiten kann, die Sauce schön einkocht und der ganze Geschmack sich um das Fleisch zieht. • Das Verhältnis von Kokosmilch und Maracujasaft kann nach Geschmack variiert werden. • Für eine vegetarische Variante kannst du statt des Hähnchens einfach verschiedene Gemüsesorten wie Blumenkohl, Paprika, Zucchini oder Kartoffeln verwenden. Vegan wird es dann noch, wenn man den Schmand weglässt und stattdessen die Kokosmilchmenge etwas erhöht.

Pfannenblätterteig MIT EI, DATTELN, PARMESAN UND RUCOLA

Dieser Pfannenblätterteig ist ein einfaches Streetfood-Rezept aus Indien. Brot selbst zu machen, ist keine große Kunst und schnell erledigt – wenn es kein Hefeteig ist. In diesem Rezept verbinde ich die Liebe zu indischen Broten mit dem Belag einer feinen Stulle, den ich auch mit anderen Brotsorten zu jeder Tages- und Nachtzeit vertilgen könnte.

Zubereitungszeit 40 Minuten
Für 2 Personen

Für den Belag
50 g Rucola
1 TL Limettensaft
1 EL Pflanzenöl
1 Prise Zucker
Salz
schwarzer Pfeffer aus der Mühle
2 Eier (Größe M)
80 g Parmesan
4 entsteinte Datteln
1 EL saure Sahne

Für den Teig
200 g Weizenmehl (Type 405) plus etwas zum Bestäuben
½ TL Salz
50 g Butter

Für den Belag den **Rucola** waschen und trocken schleudern. In eine Schüssel geben, **Limettensaft, Pflanzenöl** und **Zucker** dazugeben, mit **Salz** und **Pfeffer** würzen und vermengen. • Für den Teig **Mehl,** 120 ml Wasser und **Salz** in einer Schüssel zu einem glatten Teig verkneten. Den Teig halbieren und auf einer **bemehlten** Arbeitsfläche so dünn wie möglich ausrollen. • Die **Butter** in einem kleinen Topf zerlassen und die Teigfladen damit bepinseln. Dann beide mit einem scharfen Messer in feine Streifen schneiden, die Streifen jeweils zu einem lockeren Strang zusammenfügen, auf der Arbeitsfläche mit den Händen leicht rollen und die Stränge zu Zimtschnecken aufrollen. Dann mit einem Nudelholz esstellergroß ausrollen. Auf diese Weise entsteht ein Blätterteig, dessen Schichten nicht übereinanderliegen, sondern nebeneinander in Schneckenform. • Eine Pfanne auf mittlerer Stufe erhitzen und einen Blätterteigfladen darin von beiden Seiten ohne Fettzugabe 3–4 Minuten goldbraun backen. Dann ein **Ei** in die Fladenmitte geben und mit einer Gabel verquirlen. • Den Deckel auf die Pfanne setzen und etwa 4 Minuten ziehen lassen, sodass das Ei stockt. Auf einen Teller gleiten lassen und in gleicher Weise den zweiten Teigfladen zubereiten. • Inzwischen den **Parmesan** reiben, die **Datteln** fein hacken und jeweils beides über die fertigen Fladen geben. Mit dem Rucolasalat toppen, die **saure Sahne** in kleinen Klecksen darübergeben und lauwarm genießen.

Meine Tipps Das perfekte Verhältnis von Mehl und Wasser ist 100 g Mehl zu 60 ml Wasser. Das Rezept kann einfach angepasst werden, wenn man es für mehr oder weniger Personen zubereiten möchte. • Alternativ zur Butter kann man Margarine verwenden.

ERFRISCHENDER

JOGHURT-REIS

mit spicy Limetten-Crunch

Im Winter wärmend und im Sommer kühlend, so beschrieb meine indische Oma dieses Gericht. Sehr lecker als Imbiss für zwischendurch und passt auch als Beilage oder Zugabe zu einem Gericht.

Zubereitungszeit 25 Minuten
Für 2 Personen

Für den Joghurt-Reis
Salz
200 g Basmatireis
200 g Joghurt Natur (3,5 % Fett)

Für Limetten-Crunch und Topping
2 EL gelbe Linsen
½ Granatapfel
1 mittelscharfe rote Chili (nach Belieben)
10 g Ingwer
2 EL Pflanzenöl
2 TL braune Senfkörner
10 Curryblätter
Saft von 1 Limette
Salz
schwarzer Pfeffer aus der Mühle

300 ml Wasser mit etwas **Salz** in einen Topf geben und zum Kochen bringen. Den **Reis** einrühren, auf niedrigste Hitze reduzieren und abgedeckt 20 Minuten gar ziehen lassen. • In der Zwischenzeit für den Limetten-Crunch die **Linsen** in eine Schale geben, mit 2 EL Wasser beträufeln und 5 Minuten einweichen. • **Granatapfelkerne** herauslösen (siehe Tipp) und beiseitestellen. • Falls verwendet, die **Chili** waschen, entkernen und in feine Ringe schneiden. **Ingwer** schälen und in feine Würfel schneiden. • **Pflanzenöl** in einer Pfanne erhitzen. Chili, Ingwer, **Senfkörner, Curryblätter** und eingeweichte Linsen dazugeben und bei mittlerer Stufe 3–4 Minuten unter häufigem Rühren rösten. Mit **Limettensaft** ablöschen und mit **Salz** und **Pfeffer** würzen. • **Joghurt** zum fertig gekochten Reis geben, unterheben und in zwei Bowls füllen. Mit dem Limetten-Crunch bestreuen und mit Granatapfelkernen toppen. – Schmeckt warm und kalt.

Mein Tipp Wie löse ich die Kerne aus dem Granatapfel? Das ist meines Erachtens die beste Methode: Eine Schüssel mit kaltem Wasser füllen. Die Granatapfelhälfte in das Wasser legen. Nun die Kerne mit der Hand auslösen. Die weiße Haut des Granatapfels schwimmt oben und kann abgeschöpft werden. Die Kerne sinken nach unten an den Boden der Schüssel – einfach in ein Sieb abgießen.

Spicy gefüllte Pfannen-Kartoffelbrote

Dieses Rezept ist eine Abwandlung des indischen Samosa-Rezepts. Samosas sind mit einer scharfen Kartoffelmasse gefüllte Teigtaschen, die frittiert werden und in Indien als klassisches Streetfood gelten. Da ich selbst nur ungern in der privaten Küche frittiere, Samosas aber superlecker sind, habe ich nach einer Möglichkeit gesucht, sie ohne Fritteuse zuzubereiten, und es ist ein tolles, knuspriges Pfannenbrot entstanden.

Zubereitungszeit 30 Minuten plus 60 Minuten Ruhezeit und ca. 25 Minuten Backzeit (bei einer Pfanne ca. 50 Minuten Backzeit)
Ergibt 6 Stück

Für den Teig
100 ml Milch (3,5 % Fett)
1 Würfel frische Hefe
1 EL Zucker
1 EL Pflanzenöl plus etwas zum Beträufeln
120 g Joghurt Natur (3,5 % Fett)
1 TL Schmand
Salz
500 g Weizenmehl (Type 405) plus etwas zum Bestäuben
schwarzer Pfeffer aus der Mühle

Für die Füllung
3 Kartoffeln (insgesamt 200 g)
1 rote Chili
1 große Knoblauchzehe
1 ½ TL Currypulver
3–4 EL Limettensaft
Salz
schwarzer Pfeffer aus der Mühle

Für den Teig **Milch** und **Hefe** in einer großen Schüssel verrühren, **Zucker, Pflanzenöl, Joghurt, Schmand** und etwas **Salz** hinzugeben, vermischen und in der Mikrowelle 2 Minuten handwarm erwärmen, damit die Hefe ihre Triebkraft entfaltet. Das **Mehl** einarbeiten, zu einem glatten Teig verkneten und abgedeckt 60 Minuten an einem warmen Ort gehen lassen. • Inzwischen für die Füllung die **Kartoffeln** gut waschen und ungeschält etwa 20 Minuten weich kochen. Abgießen und etwas abkühlen lassen. • **Chili** waschen, entkernen und fein würfeln. **Knoblauchzehe** schälen und ebenfalls fein würfeln. Kartoffeln in eine Schüssel geben und ungeschält mit einer Gabel zerdrücken. Chili, Knoblauch, **Currypulver** und **Limettensaft** hinzugeben, mit **Salz** und **Pfeffer** würzen und alles gut vermengen. • Den aufgegangenen Teig in sechs gleich große Stücke teilen und auf der **bemehlten** Arbeitsfläche zu etwa 12 cm großen Kreisen ausrollen. Auf die Mitte der Fladen je ein Sechstel der Kartoffelfüllung geben und mit dem Teig umschließen, sodass gefüllte Teigkugeln entstehen. Diese zu etwa 20 cm großen Kreisen ausrollen. Es macht gar nichts, wenn an einigen Stellen die Füllung ein bisschen durchschimmert. • Eine Pfanne oder noch besser zwei Pfannen ohne Fettzugabe auf mittlerer Stufe erhitzen und die gefüllten Fladen nacheinander langsam von beiden Seiten jeweils 4–5 Minuten braun braten. Zuletzt mit etwas **Salz** und **Pfeffer** bestreuen und mit etwas **Pflanzenöl** beträufeln.

Mein Tipp Dazu passt Erdbeer-BBQ-Sauce von den herzhaften Süßkartoffelwaffeln (siehe Seite 130) oder eine leichte Joghurtsauce wie beim Chicken Tikka (siehe Seite 95).

BLUMENKOHL-PAKORA

Spicy-Popcorn-Style

Keiner kommt in Indien auf der Straße an Pakora – kurz in heißem Öl gebackenem, ummanteltem Gemüse – vorbei. Auf der Suche nach einer Variante, die ohne Frittieren auskommt, ist dieses Rezept entstanden.

Zubereitungszeit 25 Minuten plus 20 Minuten Backzeit
Für 2 Personen

500 g Blumenkohl
Salz
1 Knoblauchzehe
3-cm-Stück Ingwer
1 rote Chili
100 g Kichererbsenmehl
50 g Joghurt Natur (3,5 % Fett)
1 TL Pflanzenöl plus etwas zum Einölen
Saft von 1 Limette
½ TL mildes Currypulver
½ TL edelsüßes Paprikapulver
50 g Panko-Panierbrösel
1 EL flüssiger Honig
2 TL Zitronensaft

Den Backofen auf 200 °C Umluft vorheizen. • Den **Blumenkohl** waschen, in kleine Röschen schneiden und in **gesalzenem** Wasser 4–5 Minuten bissfest kochen. Abgießen und die Röschen trocken tupfen. • Inzwischen **Knoblauchzehe** und **Ingwer** schälen und in feine Würfel schneiden. **Chili** waschen, entkernen und ebenfalls fein würfeln. • **Kichererbsenmehl** mit **Joghurt** und 100 ml handwarmem Wasser zu einem glatten Teig rühren. Knoblauch, Ingwer und Chili hinzufügen, dann **Pflanzenöl, Limettensaft, Currypulver, Paprikapulver** und ½ TL **Salz** einrühren. • Ein Backblech mit Backpapier auslegen und mit **Pflanzenöl** einpinseln. **Pankobrösel** in einer Schale bereitstellen. Blumenkohlröschen erst in den Kichererbsenmehlteig tauchen und dann in den Pankobröseln wenden, sodass sie damit ummantelt werden. Die Röschen auf das Backblech legen und im vorgeheizten Ofen 20 Minuten knusprig backen. • Herausnehmen, auf zwei Teller verteilen und mit **Honig** und **Zitronensaft** beträufeln.

Meine Tipps Wer will, garniert mit frischem Koriander und gibt noch 1 EL Joghurt und eine Limettenspalte dazu. • Das glutenfreie Kichererbsenmehl gibt es mittlerweile in jedem Supermarkt. Wenn das Gericht komplett glutenfrei sein soll, lässt man die Pankobrösel einfach weg und backt den Blumenkohl nur mit dem Kichererbsenmehlteig. • Statt Blumenkohl kann man alle anderen Gemüsesorten nehmen. • Um den gleichen Garpunkt bei den Röschen zu erreichen, sollte man sie möglichst gleich groß schneiden. • Wer es gern noch einfacher hat: Gegarte Röschen in eine große Schüssel geben, mit dem Teig übergießen und gut vermischen. Pankobrösel zugeben und noch mal gut vermengen. Die Röschen auf dem Backblech verteilen und backen.

VEGANES
MANGO-LASSIE
AVOCADO-MANGO-LASSIE
MIT KARDAMOM

Lassie ist ein typisch indisches Getränk. Es ist erfrischend fruchtig und kann zu jeder Tageszeit getrunken werden. Bei meinem Besuch in einer Ayurveda-Klinik im indischen Goa bekam ich jeden Morgen einen kleinen Avocado-Mango-Lassie mit Kardamom, denn Milch und Honig zählen zu den reinen Nahrungsmitteln, die das Immunsystem stärken.

AVOCADO-MANGO-LASSIE MIT KARDAMOM

Zubereitungszeit 12 Minuten
Für 2 Personen

1 kleine Mango
1 kleine reife Avocado
1 Kardamomkapsel
500 ml Milch (1,5 % Fett)
1 TL Honig
100 g Joghurt Natur (1,5 % Fett)

vegetarisch glutenfrei

Die **Mango** schälen und das Fruchtfleisch vom Stein schneiden. Die **Avocado** halbieren, entkernen und das Fruchtfleisch auslösen. Die Samen aus der **Kardamomkapsel** lösen (siehe Tipp) und mörsern. • Mango- und Avocadofruchtfleisch mit Kardamom, **Milch, Honig** und **Joghurt** im Standmixer glatt mixen (alternativ den Stabmixer verwenden) und in zwei große Gläser füllen.

Mein Tipp Die Kardamomsamen kann man auslösen, indem man die Kapsel als Ganzes in den Mörser gibt und zerstößt. Die Schale kann dann einfach entfernt werden.

VEGANES MANGO-LASSIE

Zubereitungszeit 10 Minuten
Für 2 Personen

2 reife Mangos
400 ml Kokosmilch
1 TL Kokosblütenzucker

vegan laktosefrei glutenfrei

Die **Mangos** schälen, das Fruchtfleisch vom Stein schneiden, mit **Kokosmilch** und **Kokosblütenzucker** in den Standmixer geben und glatt mixen. Alternativ den Stabmixer verwenden. • Das Mango-Lassie in zwei große Gläser füllen und genießen.

Meine Tipps Noch schneller geht es, wenn man statt der frischen Mangos 450–500 g Mangomark oder Mangopüree aus dem Supermarkt verwendet. Da es etwas konzentrierter ist, wird das Lassie ein wenig dickflüssiger. Bei Bedarf mit Kokosmilch verdünnen. • Für eine vegetarische Variante statt der Kokosmilch fettreduzierte Kuhmilch und zum Binden 1 EL Joghurt verwenden.

Chapati – WEIZENVOLLKORN-*Pfannenbrot*

Das Chapati ist wohl eines der bekanntesten Brote aus Indien. Im Prinzip gibt es kein indisches Gericht, das ohne Chapati serviert wird. Da es relativ geschmacksneutral ist, wird daraus ein wahrer Alleskönner. In Indien dient Chapati nicht nur als Sättigungsbeilage, sondern es ersetzt auch den Löffel – man reißt ein Stück ab und nimmt damit das Curry auf.

Zubereitungszeit 60 Minuten
Ergibt 8 Stück

500 g Weizenvollkornmehl
1 EL Pflanzenöl plus etwas zum Beträufeln
Salz

Mehl, 1 EL **Pflanzenöl,** etwas **Salz** und 250 ml handwarmes Wasser in eine Schüssel geben und zu einem glatten Teig kneten. Aus dem Teig acht etwa 100 g schwere, gleich große Kugeln formen und diese esstellergroß ausrollen. • Eine Pfanne auf mittlerer Stufe erhitzen und die Teigfladen darin von beiden Seiten jeweils etwa 3 Minuten ohne Fettzugabe backen. Dann die Hitze erhöhen, das Brot von beiden Seiten mit etwas **Pflanzenöl** beträufeln und kurz backen, damit es Farbe bekommt. Auf die gleiche Weise die anderen Teigfladen backen. • Vor dem Servieren die Chapatis mit etwas **Salz** bestreuen.

Meine Tipps Um das Brot noch schneller zu garen und zu bräunen, kann man mithilfe eines Küchentuchs den Fladen an den heißen Pfannenboden drücken. So entstehen auf der Pfannenseite auch kleine braune Stellen, die das Brot knusprig machen. • Wenn man mit zwei Pfannen arbeitet, geht das Backen der Chapatis noch flotter. • Die Brote können wunderbar vorher gebacken und dann just in time noch mal in der Pfanne erwärmt werden.

vegan laktosefrei

KICHERERBSEN-PAPADUMS

Papadum, auch Papadam genannt, kann ganz unterschiedlich zubereitet werden. Jede Methode ergibt eine etwas andere Textur. In Öl aufgebacken werden Papadums knusprig wie Chips. Auch in der Pfanne kann man Papadums wie einen Toast 2 Minuten ohne Öl braten, bis sie knusprig werden. Papadums sind eine glutenfreie Alternative zu vielen anderen orientalischen Broten, da sie mit proteinreichem Mehl aus Hülsenfrüchten wie Kichererbsen oder Linsen hergestellt werden.

Zubereitungszeit 15 Minuten plus 10–15 Minuten Backzeit
Ergibt 6 Stück

200 g Kichererbsenmehl plus etwas zum Bestäuben
½ TL Salz
½ TL schwarzer Pfeffer aus der Mühle
½ TL gemahlener Kreuzkümmel
1 Msp. Knoblauchpulver
100 ml Pflanzenöl plus eventuell etwas zum Einölen

Den Backofen auf 80 °C Umluft vorheizen. Zwei Backbleche mit Backpapier auslegen. • **Mehl,** 4–5 EL handwarmes Wasser und **Gewürze** in eine Schüssel geben und zu einem Teig verkneten. Am Anfang ist der Teig noch etwas klebrig, da Kichererbsenmehl anders als die bekannten Mehlsorten reagiert. Zur besseren Handhabung kann man seine Hände für das Kneten etwas **einölen.** • Aus dem Teig sechs gleich große Kugeln formen und diese dann so dünn wie möglich ausrollen, ohne dass der Teig zerreißt. Die Teiglinge auf die Backbleche geben und im vorgeheizten Backofen 10–15 Minuten trocknen. • Das **Pflanzenöl** in einer hohen Pfanne erhitzen, bis das Öl Wellen schlägt. Die getrockneten Papadums mit einer Zange nacheinander in das heiße Öl geben und jeweils etwa 30 Sekunden backen, bis der Teigling Bläschen wirft. • Die fertigen Papadums zum Abtropfen auf Küchenpapier geben. – Passt statt Brot zu asiatischen Gerichten, zu Chutneys und kräftigen Saucen sowie mit Frischkäse. Oder einfach zercrunchen und statt Kartoffelchips als kleinen Snack genießen.

Meine Tipps Statt Kichererbsenmehl kann man Linsenmehl verwenden. • Das Öl aus der Pfanne kann noch mal genutzt werden. Dafür das Öl kalt werden lassen und in eine Karaffe oder Flasche füllen, sodass es für den nächsten Bedarf wieder einsatzbereit ist. • Wer die Papadums nicht in Öl braten möchte, der kann sie auch nur im Ofen backen. Dazu die Ofentemperatur auf 120 °C Umluft stellen und die Teigkreise darin 15–20 Minuten backen.

WÜRZIGER BASMATIREIS

Basmatireis ist eine der beliebtesten Reissorten der Welt. Eine geschmackvolle Variante ist, den Reis direkt mit verschiedenen Gewürzen zu kochen, damit er beim Kochvorgang deren Aroma aufnehmen kann. – Nach dem Besuch meiner Tante Diddy aus Indien war unsere Wohnung immer mit einem süßlich-weihnachtlichen Aroma durchzogen.

Zubereitungszeit 5 Minuten plus ca. 20 Minuten Garzeit
Für 2 Personen

2 EL Pflanzenöl
2 TL Garam Masala
Salz
200 g Basmatireis

300 ml Wasser, **Öl, Garam Masala** und etwas **Salz** in einem Topf zum Kochen bringen. Sobald das Wasser kocht, die Hitze reduzieren, den **Reis** einrühren und abgedeckt bei niedriger Hitze etwa 20 Minuten gar ziehen lassen. – Passt zu allen Currygerichten sowie zu allen mediterranen und auch deutschen Saucengerichten.

Meine Tipps Die Reis- und Wassermengen können wunderbar mit einer Tasse oder einem Becher abgemessen werden. Eine Regel gibt als Reis-Wasser-Verhältnis 1 zu 1 ½ an, also eine Tasse oder ein Becher Reis auf 1 ½ Tassen/Becher Wasser. • Ich weiß: In vielen Rezepten wird angegeben, dass man den Reis vorm Kochen waschen sollte. Wir haben allerdings in unserem Restaurant jahrzehntelang die Erfahrung gemacht, dass das bei Basmati- und Jasminreis nicht unbedingt nötig ist, da diese Sorten nur einen geringen Stärkeanteil haben. • In Spekulatius sind übrigens ähnliche Gewürze enthalten wie in der Garam-Masala-Gewürzmischung. Alternativ zu Garam Masala können deshalb zwei bis drei fein zerbröselte Spekulatius beim Kochen des Reises hinzugegeben werden.

vegan laktosefrei glutenfrei

Während „Dal“ zum einen ein Begriff für getrocknete Hülsenfrüchte wie Linsen, Erbsen und Bohnen ist, bezeichnet es andererseits das Gericht selbst – ein würziges Curry. Dieses Linsen-Dal ist ziemlich einfach zuzubereiten und kann ganz nach eigenem Geschmack abgewandelt werden. Hülsenfrüchte sind reich an Proteinen, gesund, lecker und machen vor allem lange satt. Linsen sind reich an Mikro- und Makronährstoffen wie Spurenelementen, Mineralstoffen, Kohlenhydraten und Eiweiß, sodass man den Körper mit allerlei notwendigen Nährstoffen versorgt. Das Beste daran: Alle Zutaten sind nicht nur relativ leicht zu bekommen, sondern auch preiswert.

Zubereitungszeit 15 Minuten plus ca. 30 Minuten Einweichzeit und ca. 15 Minuten Garzeit
Für 2 Personen

Für die Linsen
50 ml Apfelsaft
½ TL Salz
½ TL Zucker
300 g rote Linsen

Für die Gewürzpaste
1 rote Zwiebel
1 Knoblauchzehe
1 TL Kokosöl
1 TL Tomatenmark
1 Prise Zucker
½ TL gemahlener Koriander
½ TL gemahlener Kreuzkümmel
1 TL edelsüßes Paprikapulver
1 TL mildes Currypulver
½ TL gemahlene Kurkuma
1 Msp. Cayennepfeffer
Saft von ½ Limette
250 ml Kokosmilch
150 ml passierte Tomaten
Salz
schwarzer Pfeffer aus der Mühle

Für die Linsen den **Apfelsaft** mit 450 ml Wasser in einen Topf geben. **Salz, Zucker** und **Linsen** hinzufügen und etwa 30 Minuten einweichen. • Nach der Einweichzeit die Linsen zum Kochen bringen, die Hitze auf mittlere Stufe reduzieren und abgedeckt etwa 15 Minuten garen, bis die Linsen gelblich werden. • Währenddessen für die Gewürzpaste **Zwiebel** und **Knoblauchzehe** schälen und fein würfeln. **Kokosöl** in einer Pfanne auf mittlerer Stufe erhitzen, dann Zwiebeln und Knoblauch darin etwa 2–3 Minuten anschwitzen. **Tomatenmark** und **Zucker** hinzugeben und weitere 1–2 Minuten anbraten, bis die Masse dunkelrot wird. • Die Hitze reduzieren, **Koriander, Kreuzkümmel, Paprikapulver, Currypulver, Kurkuma** und **Cayennepfeffer** einrühren. Die Hitze langsam wieder erhöhen, sodass die Gewürze leicht anrösten. Mit **Limettensaft** ablöschen, **Kokosmilch** und **passierte Tomaten** einrühren, kurz aufkochen und mit **Salz** und **Pfeffer** abschmecken. • Die Linsen unter die Gewürzpaste rühren, das Dal auf zwei Teller verteilen und servieren.

Meine Tipps Dieses Rezept kann mit allen Hülsenfrüchten zubereitet werden, je nach Produkt verändern sich die Gar- und Einweichzeiten, die meist auf den Packungen angegeben sind. Grundsätzlich kann man sagen: Je größer die Hülsenfrucht, desto länger ist die Gar- und Einweichzeit. • Wenn es schnell gehen soll und die Gewürzpaste mit Kokosmilch (siehe Seite 181) zur Hand ist, diese einfach erhitzen, nach Belieben etwas Kokosmilch hinzufügen, unter die Linsen heben, fertig! • Wer das Linsen-Dal als Suppe genießen möchte, gießt es einfach mit Kokosmilch auf.

vegan laktosefrei glutenfrei

Authentisches Streetfood at its best: ein Taco-Stand in Mexiko-Stadt.

Ich liebe es, mit Früchten in herzhaften Gerichten zu experimentieren. Unvergleichlich saftig und süß sind Mango, Ananas und Co. dort, wo man sie reif direkt vom Baum pflücken kann.

Entfernung von zu Hause
7.500 bis 9.500 Kilometer

ÜBERSEE

Karibik, USA, Mexiko,
Brasilien,
Latein- und Südamerika

Latino-Lachstatar

mit Vanille-Pfannenwaffeln

Dieses lateinamerikanisch angehauchte Rezept ist ein Muss für alle Lachsliebhaber! Die Kombination einer süßen Waffel mit dem säuerlich-scharfen Fisch ist ein ganz neues Geschmackserlebnis und kann sogar Menschen, die keinen Fisch mögen, überzeugen.

Zubereitungszeit 20 Minuten
Für 2 Personen

Für das Tatar
300 g Lachsfilet
Saft von 1 Limette
Salz
schwarzer Pfeffer aus der Mühle
1 mittelscharfe rote Chili
1 dünne Frühlingszwiebel
2–3 Stängel Koriandergrün

Für die Waffeln
125 g Weizenmehl (Type 405)
60 g weiche Butter
100 ml Milch (3,5 % Fett)
1 Ei (Größe M)
50 g Zucker
1 Prise Salz
½ Vanilleschote

Für das Tatar das **Lachsfilet** in feine Würfel schneiden und in eine Schüssel geben. Mit **Limettensaft** beträufeln und mit **Salz** und **Pfeffer** würzen. • **Chili** waschen, entkernen und in feine Ringe schneiden. **Frühlingszwiebel** putzen und ebenfalls in feine Ringe schneiden. **Koriander** waschen und hacken. Alles zum Lachs geben, vermengen und etwa 10 Minuten marinieren. • Inzwischen für die Waffeln **Mehl, Butter, Milch, Ei, Zucker** und **Salz** in eine Schüssel geben. **Vanilleschote** aufschlitzen, das Mark herauskratzen, hinzufügen und alles zu einem glatten Teig verrühren. • Eine beschichtete Pfanne ohne Öl erhitzen. Die Hälfte des Teigs in die Pfanne geben und von beiden Seiten jeweils etwa 3–4 Minuten braten. Auf einen Teller heben und die zweite Waffel backen. • Die Waffeln auf zwei Teller geben, mit dem Lachstatar toppen und servieren.

Meine Tipps Die Waffeln kann man natürlich auch in einem Waffeleisen ausbacken. Der Überraschungseffekt für Gäste ist aber natürlich umso größer, wenn sie nicht direkt wie typische Waffeln aussehen. • Beim Lachs sollte man darauf achten, dass man ihn so frisch wie möglich kauft. Mittlerweile sind die bekannten Supermarktketten mit einer kleinen Fischtheke bestückt. Frage also den Verkäufer, wie fangfrisch der Fisch ist und ob er ihn dir vielleicht sogar in ein wenig Eis einpacken kann.

OFEN-SPARERIBS
mit Tomaten-Chili-Marmelade
UND COLESLAW

Man denkt immer, dass Spareribs ein typisches Grillgericht sind und dass sie nur zu schönem Wetter passen. Ich bin der Meinung, dass auch Grillgerichte in der heimischen Küche zubereitet werden können und man so das ganze Jahr Grillfeeling ins Esszimmer zaubern kann. Diese Spareribs aus dem Backofen sind perfekt dafür. Mit diesem Rezept gelingen die saftigsten und zartesten Spareribs, ohne den Grill anzuschmeißen.

Zubereitungszeit 15 Minuten plus 2 Stunden 20 Minuten Backzeit
Für 2 Personen

Für die Spareribs
1 kg Spareribs
1 Rezeptmenge Tomaten-Chili-Marmelade (siehe Seite 181)

Für den Coleslaw
200 g Spitzkohl
70 g Apfel
100 g Salatgurke
1 EL Sesamsaat
Saft von ½ Limette
1 Prise Zucker
Salz
schwarzer Pfeffer aus der Mühle

Den Backofen auf 160 °C Umluft vorheizen. • **Spareribs** auf ein mit Backpapier ausgelegtes Backblech legen und im vorgeheizten Ofen 2 Stunden backen. • Spareribs mit der **Tomaten-Chili-Marmelade** bestreichen und weitere 20 Minuten im Ofen backen. • In der Zwischenzeit für den Coleslaw den **Spitzkohl** waschen, in feine Streifen schneiden und in eine Schüssel geben. **Apfel** und **Gurke** waschen, ungeschält ebenfalls in feine Streifen schneiden und zum Spitzkohl geben. • Den **Sesam** in einer Pfanne ohne Fettzugabe auf mittlerer Stufe 2–3 Minuten rösten und zur Kohlmischung geben. Mit **Limettensaft** beträufeln, **Zucker** darüberstreuen und mit **Salz** und **Pfeffer** würzen. Mit den Händen etwa 1 Minute gut durchkneten, dann 10 Minuten ziehen lassen. • Die Spareribs aus dem Ofen nehmen und auf zwei Tellern mit dem Coleslaw anrichten.

laktosefrei glutenfrei

VEGANES

MAC AND CHEESE

mit Apfel

So gern ich Fleischgerichte esse, so gern mag ich es auch vegetarisch oder vegan. Für mich ist es wichtig, dass man das Fleisch nicht vermisst. Vegane Gerichte oder Zutaten werden gern als Superfood bezeichnet, worüber Fleischgericht-Liebhaber oft die Stirn runzeln. Das muss aber nicht sein. Diesen Klassiker, Macaroni and Cheese, habe ich aus New York, dem „Big Apple", importiert. Er macht garantiert auch Vegetarier und Fleischliebhaber glücklich!

Zubereitungszeit 25 Minuten
Für 2 Personen

½ Apfel
2 Karotten
1 große Zwiebel
2–3 Kartoffeln (insgesamt 250 g)
1 Knoblauchzehe oder 1 TL Knoblauch in Öl (siehe Seite 96)
Salz
½ TL Zucker
150 g Makkaroni
150 g Cashewkerne
schwarzer Pfeffer aus der Mühle
100 g geriebener veganer Käse
Basilikumblätter zum Garnieren

Apfel, Karotten, Zwiebel, Kartoffeln und **Knoblauch** schälen und grob in Stücke schneiden. Alles mit ½ TL **Salz, Zucker** und etwa 200 ml Wasser in einen Topf geben und 10–12 Minuten weich kochen. Dann durch ein Sieb abgießen (das Kochwasser dabei auffangen) und in einen Mixbecher geben. • Parallel dazu die **Makkaroni** in **gesalzenem** Wasser nach Packungsanweisung al dente kochen. • Währenddessen eine Pfanne auf mittlerer Stufe erhitzen und die **Cashewkerne** darin etwa 5 Minuten unter häufigem Wenden rösten. Zur Gemüsemischung geben. 100 ml Kochwasser und eine Prise **Pfeffer** hinzugeben und mit dem Stabmixer alles zu einer homogenen Sauce mixen. • Die Makkaroni abgießen und in den Topf zurückgeben. Den veganen **Käse** über die heißen Nudeln streuen und die Sauce darübergießen. Alles gut vermengen, in zwei tiefe Teller oder Bowls geben, mit **Basilikum** garnieren und servieren.

Meine Tipps Cashewkerne, Zwiebel, Kartoffel und Apfel geben der Sauce die Bindung. Deshalb werden Butter und Sahne für dieses Rezept nicht benötigt. • Wer mag, kann die gegarten Makkaroni noch in einer Pfanne in etwas Pflanzenöl knusprig anbraten, bevor Käse und Sauce dazukommen.

vegan laktosefrei

Karibischer Eiertoast

MIT PULLED LACHS UND WEISSEN BOHNEN

Dieses einfache Gericht erinnert an einen French Toast oder an die berühmten armen Ritter. Damit fühlt man sich allerdings nicht wie ein armer Ritter, sondern eher wie ein König, der den Toast am Strand in der Karibik genießt. Fehlt eigentlich nur noch ein leckerer Cocktail ...

Zubereitungszeit 30 Minuten
Für 2 Personen

Für den Belag
200 g Lachsfilet
2 Scheiben frische Ananas
1 Prise gemahlener Zimt
2 TL Olivenöl
Saft von ½ Limette
Salz
schwarzer Pfeffer aus der Mühle
2 EL weiße Bohnen aus der Dose
1 TL Frischkäse
1 TL Honig
1 Prise Cayennepfeffer

Für die Eiertoasts
½ mittelscharfe rote Chili
1 Knoblauchzehe
2 Eier (Größe M)
1 TL mildes Currypulver
1 Prise frisch geriebene Muskatnuss
Salz
schwarzer Pfeffer aus der Mühle
4 Scheiben Dinkeltoastbrot
1 EL Butter

Den Backofen auf 180 °C Umluft vorheizen. • Für den Belag den **Lachs** auf ein Backblech geben und im vorgeheizten Ofen 15 Minuten garen. • Inzwischen für die Eiertoasts die **Chili** waschen, entkernen und fein hacken. Die **Knoblauchzehe** schälen und ebenfalls fein hacken. • Die **Eier** in eine Schüssel geben, Chili, Knoblauch, **Currypulver** und **Muskatnuss** hinzufügen, mit **Salz** und **Pfeffer** würzen und gut vermengen. • Die **Toastscheiben** von beiden Seiten in die Eiermischung drücken, bis sie die Masse aufgesogen haben. **Butter** in einer großen Pfanne auf mittlerer Stufe erhitzen und die Toastscheiben darin von beiden Seiten je etwa 2 Minuten goldbraun braten. Aus der Pfanne nehmen und auf eine Platte legen. • **Ananasscheiben** in der gleichen Pfanne von beiden Seiten je etwa 3 Minuten anbraten, mit **Zimt** würzen und auf einen Teller setzen. • In der Zwischenzeit den Lachs aus dem Ofen nehmen, mit zwei Gabeln auseinanderzupfen und in eine Schüssel geben. 1 TL **Olivenöl, Limettensaft,** je eine Prise **Salz** und **Pfeffer** hinzufügen und vermengen. • Die **Bohnen** abbrausen und abtropfen lassen. Restliches **Olivenöl** in der Pfanne erhitzen und die Bohnen darin unter häufigem Rühren etwa 2–3 Minuten kross braten. **Frischkäse** und **Honig** unterrühren und mit **Cayennepfeffer** würzen. • Zwei gebratene Toastscheiben mit Ananasscheiben, Lachs und Bohnen belegen und mit den restlichen Toastscheiben bedecken. Auf zwei Teller setzen und servieren.

Mein Tipp Bohnen aus der Dose sind eine gute Alternative zum langen Kochen von getrockneter Ware und auch das Vorbereiten von frischen Bohnen dauert. Wichtig ist nur, dass man sie vorher mit kaltem Wasser abbraust.

Süßkartoffelpüree

MIT PFLAUMEN-CHUTNEY

Die kreolische Küche ist eine Mischung verschiedenster Einflüsse, die sich im Laufe der Zeit in der Karibik etabliert haben. Die karibische Küche ist vor allem für frisches Gemüse und Obst aus der Region, viele Gewürze und süß-scharfe Kreationen bekannt.

Zubereitungszeit 30 Minuten
Für 2 Personen

Für das Püree
1 Süßkartoffel (350 g)
Salz
50 ml Milch (3,5 % Fett)
1 EL Butter
50 ml Buttermilch
1 TL Currypulver
1 Prise frisch geriebene Muskatnuss
schwarzer Pfeffer aus der Mühle

Für das Chutney
4 Pflaumen
1 mittelscharfe rote Chili
1 Knoblauchzehe
1 EL Zucker
3 EL Apfelsaft
1 TL Honig
1 TL Currypulver
½ TL edelsüßes Paprikapulver

Für das Püree die **Süßkartoffel** schälen, grob in Stücke schneiden und in **gesalzenem** Wasser etwa 20 Minuten weich kochen. • Inzwischen für das Chutney die **Pflaumen** waschen, entsteinen und klein schneiden. **Chili** waschen, entkernen und in feine Würfel schneiden. **Knoblauchzehe** schälen und ebenfalls fein würfeln. • Eine Pfanne erhitzen und den **Zucker** darin bei mittlerer Hitze karamellisieren. Mit dem **Apfelsaft** ablöschen und die Pflaumen einrühren. Chili und Knoblauch mit **Honig, Currypulver** und **Paprikapulver** hinzugeben und bei mittlerer Hitze 4–5 Minuten garen, bis die Pflaumen weich sind. • Die Süßkartoffelstücke abgießen und zerstampfen. **Milch, Butter** und **Buttermilch** einrühren. **Currypulver** und **Muskatnuss** zugeben und mit **Salz** und **Pfeffer** abschmecken. • Das Süßkartoffelpüree auf zwei Teller geben und mit dem Pflaumen-Chutney toppen.

vegetarisch glutenfrei

SÜSSKARTOFFEL-WAFFELN MIT JACKFRUIT IN ERDBEER-BBQ-SAUCE

Zubereitung auf der nächsten Doppelseite

SÜSSKARTOFFEL-WAFFELN

mit Jackfruit in Erdbeer-BBQ-Sauce

Die Waffel habe ich in New York kennenlernen dürfen, die Jackfruit ist besonders in Thailand bekannt – sowohl in der süßen Variante als Frucht als auch unreif als Zutat herzhafter Speisen. Die Erdbeer-BBQ-Sauce ist eine meiner Lieblingssaucen, die ich vor Jahren mal aus übrig gebliebenen Erdbeeren gezaubert habe. Warum also nicht mal verschiedenste Dinge und Einflüsse aus aller Welt miteinander kombinieren? Entstanden ist ein Rezept, das sich für alle Geschmäcker und zu jeder Tageszeit eignet.

Zubereitungszeit 70 Minuten
Für 2 Personen (ergibt 4 Waffeln)

Für die Waffeln
600 g Süßkartoffeln
1 TL Pflanzenöl
70 g Parmesan am Stück
85 g Weizenmehl (Type 405)
3 Eier (Größe M)
½ TL edelsüßes Paprikapulver
1 Prise frisch geriebene Muskatnuss
Salz
schwarzer Pfeffer aus der Mühle

Für die Erdbeer-BBQ-Sauce
200 g Erdbeeren
1 TL Tomatenmark
100 ml passierte Tomaten
1 TL brauner Zucker
2 Prisen Rauchsalz
1–2 Prisen Cayennepfeffer
1 TL Orangensaft
1 TL Limettensaft
schwarzer Pfeffer aus der Mühle

Für Jackfruit und Topping
1 Dose (400 g) Jackfruit Natur, ungesüßt
1 EL Pflanzenöl
50 g Babyspinat

Außerdem
Waffeleisen

Den Backofen auf 160 °C Umluft vorheizen. • Für die Waffeln die **Süßkartoffeln** halbieren, mit den Schnittstellen auf ein Backblech geben, mit **Pflanzenöl** beträufeln und im vorgeheizten Ofen etwa 45 Minuten backen. • Währenddessen für die Erdbeer-BBQ-Sauce die **Erdbeeren** waschen, entstielen und grob in Stücke schneiden. Einen Topf auf mittlerer Stufe erhitzen, die Erdbeeren hineingeben und abgedeckt etwa 10 Minuten weich garen. Dann die Hitze reduzieren, **Tomatenmark, passierte Tomaten, Zucker, Rauchsalz, Cayennepfeffer** und **Orangensaft** dazugeben und einige Minuten einkochen lassen. Zum Schluss größere Erdbeerstücke mit einer Gabel etwas zerdrücken, **Limettensaft** dazugeben und die Sauce mit **Pfeffer** abschmecken. • Die **Jackfruit-Stücke** abgießen und mit einer Gabel auseinanderzupfen, sodass es Zupffleisch ähnelt. **Pflanzenöl** in einer Pfanne auf mittlerer bis hoher Stufe erhitzen und die Pulled Jackfruit darin unter häufigem Rühren 3–4 Minuten goldbraun anbraten. Den Herd ausschalten und die Erdbeer-BBQ-Sauce unterrühren. • Den **Spinat** waschen und vorsichtig trocken schleudern. • Gegen Ende der Backzeit mit einem Messer in die Süßkartoffeln im Ofen für eine Garprobe stechen. Wenn sie weich sind und das Messer sich ohne Probleme darin bewegen lässt, sind sie fertig. Aus dem Ofen nehmen und etwas abkühlen lassen. • Inzwischen den **Parmesan** fein in eine Schüssel reiben. **Mehl, Eier, Paprikapulver, Muskatnuss** und etwas **Salz** und **Pfeffer** hinzugeben und zu einem Teig verrühren. Das Fruchtfleisch der Süßkartoffeln mit einem Löffel von den Schalen lösen, zum Teig geben und alles vermengen. • In der Zwischenzeit das Waffeleisen vorheizen und den Teig darin portionsweise etwa 4–5 Minuten goldbraun ausbacken. Der Teig ergibt vier Waffeln. • Die Waffeln mit Spinat belegen und mit der Erdbeer-BBQ-Jackfruit toppen.

Meine Tipps Gerade zur Erdbeerzeit bleiben manchmal überreife Erdbeeren oder Früchte mit Druckstellen in der Schale liegen. Diese können wunderbar für die Erdbeer-BBQ-Sauce genutzt werden. Die Sauce kann in einem gut verschlossenen Glas im Kühlschrank gelagert werden und hält sich dort mehrere Tage. • Die Waffeln können vorher zubereitet und just in time noch mal im Waffeleisen aufgewärmt werden. • Süßkartoffeln enthalten recht viel Feuchtigkeit, deshalb müssen die Waffeln etwas länger gebacken werden als gewöhnliche süße Waffeln. Wenn man das Waffeleisen vorsichtig öffnet und die Waffel dadurch auseinandergezogen wird, ist sie noch nicht fertig. Bleibt die Waffel beim Öffnen auf der unteren Hälfte des Eisens liegen und hat eine schöne goldbraune Farbe, kann sie aus dem Eisen genommen werden. • Je nachdem, wie das eigene Waffeleisen eingestellt ist, muss die Süßkartoffelwaffel vielleicht ein weiteres Intervall gebacken werden.

Fleischvariante und vegane Variante Die Jackfruit ist in Thailand vor allem als süße Frucht bekannt, mittlerweile ist sie im unreifen Zustand als Fleischersatz nach Europa gekommen. Dieses Rezept lässt sich deshalb sehr kreativ abwandeln.

Süßkartoffelwaffeln mit Pulled Pork in Erdbeer-BBQ-Sauce
Statt Jackfruit 250 g Pulled Pork verwenden.

Vegane Süßkartoffelwaffeln mit Jackfruit in Erdbeer-BBQ-Sauce
Statt Parmesan und Eiern für den Teig 50 ml Hafermilch und 3 EL Apfelmus verwenden.

SCHARFER Süßkartoffeleintopf mit Avocado-Granatapfel-Topping

Eintöpfe sind älter als das tägliche Brot. Bis heute sind Bohnen-, Grünkohl-, Linsen- und Erbseneintopf traditionelle Gerichte, mit denen man sich in die Herzen der Familie kocht.

Zubereitungszeit 35 Minuten
Für 2 Personen

Für den Eintopf
1 rote Zwiebel
200 g Süßkartoffel
1 mittelscharfe rote Chili
1 EL Leinöl
1 Dose (400 g) geschälte Tomaten
Salz
100 g Erdnussmus

Für das Topping
1 Avocado
Saft von ½ Zitrone
Salz
1 EL Pinienkerne
100 g Granatapfelkerne
100 g Joghurt Natur (10 % Fett)

Für den Eintopf die **Zwiebel** schälen und in feine Würfel schneiden. **Süßkartoffel** schälen und in 2 cm große Würfel schneiden. **Chili** waschen, entkernen und in feine Streifen schneiden. • **Leinöl** in einer Pfanne auf mittlerer Stufe erhitzen und die Zwiebeln darin glasig andünsten. Süßkartoffeln zugeben, die Hitze etwas erhöhen und unter ständigem Rühren etwa 10–12 Minuten braten. Chili und **Dosentomaten** hinzugeben, mit **Salz** würzen, die Tomaten mit dem Kochlöffel etwas zerkleinern und unter gelegentlichem Rühren weitere 10 Minuten köcheln lassen. Das **Erdnussmus** unterrühren, bis die Mischung sämig wird. • Inzwischen für das Topping die **Avocado** schälen, halbieren, entkernen und in 2 cm große Würfel schneiden. In eine Schüssel geben, mit **Zitronensaft** beträufeln und mit **Salz** würzen. **Pinienkerne** und **Granatapfelkerne** hinzugeben. • Süßkartoffeleintopf in zwei Bowls füllen und das Avocado-Granatapfel-Topping darübergeben. Den **Joghurt** glatt rühren und damit garnieren.

Mein Tipp Die Süßkartoffel muss übrigens nicht geschält werden, die Schale, die wertvolle Inhaltsstoffe enthält, kann man mitessen. Dafür sollte die Kartoffel aber gründlich gereinigt werden. Falls geschält wird, die Süßkartoffel trotzdem gründlich säubern und schälen, aber die Schalen nicht wegwerfen, sondern zu **Gemüsechips** verarbeiten. Dazu die Süßkartoffelschalen in Stücke schneiden, mit etwas Pflanzenöl beträufeln, in einer Lage auf ein mit Backpapier ausgelegtes Backblech legen und im vorgeheizten Backofen bei 160 °C Umluft 20–25 Minuten kross backen. Herausnehmen, mit Salz bestreuen und abkühlen lassen.

PULLED-PORK-SANDWICH vom Schweinefilet mit BLAUBEERSALSA

Ich liebe Pulled Pork, hasse aber Gerichte, bei denen man stundenlang in der Küche beschäftigt ist. Deshalb habe ich ein Pulled-Pork-Rezept entwickelt, das ohne eine ewig lange Garzeit auskommt und trotzdem herrlich zart ist.

Zubereitungszeit 30 Minuten plus ca. 45 Minuten Backzeit
Für 2 Personen

Für das Sandwich
400–500 g Schweinefilet
1 EL Pflanzenöl
200 ml naturtrüber Apfelsaft
8 Scheiben Toastbrot
100 g geriebener Gouda

Für die Salsa
2 Schalotten
1 Knoblauchzehe
1 mittelscharfe rote Chili
3–4 Stängel Minze
200 g Blaubeeren
2 EL Pflanzenöl
1 EL flüssiger Honig
Saft von 1 Limette
1 Msp. gemahlener Zimt
Salz
schwarzer Pfeffer aus der Mühle

Außerdem
Sandwichmaker (alternativ eine Pfanne verwenden)

Den Backofen auf 120 °C Umluft vorheizen. • Für das Sandwich das **Schweinefilet,** falls nötig, von Sehnen befreien. **Pflanzenöl** in einer ofenfesten Pfanne oder einem ofenfesten Topf auf hoher Stufe erhitzen und das Filet darin rundum etwa 2 Minuten anbraten. Mit **Apfelsaft** ablöschen, den Deckel aufsetzen und im vorgeheizten Ofen etwa 45 Minuten garen. • In der Zwischenzeit für die Blaubeersalsa **Schalotten** und **Knoblauchzehe** schälen und fein würfeln. **Chili** waschen, entkernen und in feine Streifen schneiden. **Minze** abbrausen, trocken schütteln und die Blätter fein hacken. Die **Blaubeeren** waschen, abtropfen lassen und halbieren. Alles zusammen in eine Schüssel geben, **Pflanzenöl, Honig, Limettensaft** und **Zimt** hinzugeben, mit **Salz** und **Pfeffer** würzen und vermengen. • Schweinefilet aus dem Ofen nehmen, kurz abkühlen lassen und 2–3 EL vom Garsud zur Salsa geben. • Das Fleisch mit zwei Gabeln in feine Streifen zupfen. Vier **Toastbrotscheiben** mit dem Pulled Pork belegen, Blaubeersalsa und geriebenen **Käse** darübergeben und mit den restlichen **Toastbrotscheiben** abdecken. Dann die Toasts im Sandwichmaker oder in der Pfanne knusprig braten. • Die Sandwiches diagonal halbieren, auf zwei Teller verteilen und genießen.

Mein Tipp Für die meisten Pfannen und Töpfe ist eine Backofentemperatur von 120 °C nicht zu viel. Wer sichergehen will, kann für dieses Rezept aber auch einen Bräter oder Schmortopf verwenden.

MEXIKANISCHE TACOS

Zubereitung auf der nächsten Doppelseite

MEXIKANISCHE TACOS

Chilis, Guacamole, Tacos und unzählige Salsas machen die mexikanische Küche so abwechslungsreich. Tacos (gefüllte und umgeklappte Tortillas) sind auch echtes Streetfood und sollten unbedingt mit der Hand gegessen werden. Für ein optimales Timing erst den Teig vorbereiten und während die Tortillas backen, die anderen Komponenten zubereiten – so ist alles in 45 Minuten fertig. Am besten die Tortillas mit Schweinefilet-Paprika-Topping, Tomatensalsa und Guacamole auf den Tisch stellen, sodass sich jeder seine Tacos selbst füllen kann.

WEIZENTORTILLAS

Zubereitungszeit 30 Minuten
Für 2 Personen (ergibt 6 Stück)

180 g Weizenmehl (Type 405) plus etwas zum Bestäuben
Salz

vegan laktosefrei

Das **Mehl** mit etwa 80 ml handwarmem Wasser und etwas **Salz** zu einem Teig verkneten. Den Teig zu sechs gleich großen Kugeln formen, in etwas **Mehl** wälzen, zu dünnen Kreisen ausrollen und portionsweise in einer großen Pfanne bei mittlerer Hitze ohne Öl von beiden Seiten je 2–3 Minuten backen.

TOMATENSALSA

Zubereitungszeit 10 Minuten plus ca. 5 Minuten Garzeit
Für 2 Personen

2 große reife Tomaten
1 rote Zwiebel
1 Knoblauchzehe
1 mittelscharfe rote Chili
1 EL Pflanzenöl
1 Prise gemahlener Kreuzkümmel
Saft von 1 Limette
10 Korianderblätter
Salz
schwarzer Pfeffer aus der Mühle

vegan laktosefrei glutenfrei

Während die Tortillas backen, die **Tomaten** waschen, den Stielansatz entfernen und das Fruchtfleisch würfeln. **Zwiebel** und **Knoblauchzehe** schälen und würfeln. Die **Chili** waschen, entkernen und grob würfeln. Alles mit **Pflanzenöl** in einen Topf geben, mit **Kreuzkümmel** bestreuen und bei niedriger Hitze abgedeckt etwa 5 Minuten dünsten. • Mit **Limettensaft** ablöschen. Die **Korianderblätter** abbrausen und dazugeben, mit **Salz** und **Pfeffer** würzen und in eine Servierschale geben.

SCHWEINEFILET-PAPRIKA-TOPPING

Zubereitungszeit 25 Minuten
Für 2 Personen

250 g Schweinefilet
2 EL Pflanzenöl
1 rote Paprika
1 Zwiebel
1 Knoblauchzehe
1 mittelscharfe rote Chili
Saft von 1 Limette
1 Prise gemahlener Zimt
Salz
schwarzer Pfeffer aus der Mühle

laktosefrei glutenfrei

Das **Schweinefilet** fein würfeln. 1 EL **Pflanzenöl** in einer Pfanne auf hoher Stufe erhitzen und das Fleisch darin unter häufigem Wenden 3–4 Minuten braten. In eine Schüssel geben. • **Paprika** waschen, entkernen und in Streifen schneiden. **Zwiebel** und **Knoblauchzehe** schälen und fein würfeln. **Chili** waschen, entkernen und ebenfalls fein würfeln. • Restliches **Pflanzenöl** in der Fleischpfanne auf mittlerer Stufe erhitzen, Paprikastreifen, Zwiebel, Knoblauch und Chili darin 2–3 Minuten dünsten. • Mit dem **Limettensaft** ablöschen, mit **Zimt** bestauben und mit **Salz** und **Pfeffer** würzen. Die Fleischwürfel hinzugeben, vermengen und in eine Servierschale geben.

GUACAMOLE

Zubereitungszeit 10 Minuten
Für 2 Personen

1 Knoblauchzehe
1 mittelscharfe rote Chili
1 reife Avocado
Saft von ½ Limette
1 EL Joghurt Natur (3,5 % Fett)
Salz
schwarzer Pfeffer aus der Mühle

vegetarisch glutenfrei

Knoblauchzehe schälen und fein würfeln. **Chili** waschen, entkernen und ebenfalls fein würfeln. **Avocado** halbieren, entkernen, das Fruchtfleisch auslösen und in eine Schüssel geben. Knoblauch, Chili und **Limettensaft** hinzufügen und die Avocado mit einer Gabel gut zerdrücken. **Joghurt** einrühren, mit **Salz** und **Pfeffer** abschmecken und in eine Servierschale geben.

Meine Tipps Alternativ können fertige Tortillas verwendet werden. Dafür sollte man sie allerdings vorher etwas erwärmen, damit sie sich leichter formen lassen. • Die Füllungen kann man variieren und vegetarisch (statt Fleisch eine Paprika mehr verwenden) oder vegan (zusätzlich den Joghurt weglassen oder durch Sojajoghurt ersetzen) und sogar mit Fisch (Fischfiletwürfel statt Fleisch verwenden) zubereiten.

AVOCADO-EGG-BURRITOS *mit Hähnchen*

Eine Tortilla – fünf Gerichte: Tacos, Fajitas, Enchiladas, Quesadillas oder Burritos. Eigentlich ist das gar nicht so schwer, denn ein Tortilla-Weizen- oder Maisfladen wird gefüllt zum Taco. Füllt man den Fladen selbst am Tisch, wird er Fajita genannt. Bei einer Enchilada wird der Taco mit einer würzigen Sauce übergossen. Die Quesadilla besteht aus einem mit Käse gefüllten, überbackenen Taco. Fehlt nur noch der Burrito, ein gefüllter und zusammengerollter Taco.

Zubereitungszeit 25 Minuten plus ca. 10 Minuten Backzeit
Für 2 Personen

2 Eier (Größe M)
1 Knoblauchzehe
1 rote Zwiebel
1 reife Avocado
1 Ochsenherztomate
100 g Bergkäse
200 g Hähnchenbrustfilet
2 EL Olivenöl
1 TL edelsüßes Paprikapulver
1 Prise Chilipulver
Salz
schwarzer Pfeffer aus der Mühle
Saft von ½ Limette
2 große Weizentortillas

Den Backofen auf 140 °C Ober-/Unterhitze vorheizen. • Die **Eier** hart kochen, abgießen und abkühlen lassen, dann schälen und grob hacken. • Inzwischen die **Knoblauchzehe** schälen und fein würfeln. **Zwiebel** schälen und in feine Ringe schneiden. **Avocado** halbieren, entkernen, das Fruchtfleisch auslösen und in feine Streifen schneiden. **Tomate** waschen, den Stielansatz entfernen, das Fruchtfleisch halbieren, entkernen und würfeln. **Bergkäse** grob reiben. • **Hähnchenbrustfilet** in feine Streifen schneiden. 1 EL **Olivenöl** in einer Pfanne erhitzen und die Hähnchenstreifen darin bei mittlerer Hitze etwa 3 Minuten anbraten. Die Hitze etwas reduzieren, **Paprika-** und **Chilipulver** darüberstreuen und mit **Salz** und **Pfeffer** würzen. Dann Knoblauch dazugeben, mit dem **Limettensaft** beträufeln und vermengen. • Die Füllung auf den **Tortillas** verteilen. Zwiebelringe, Avocadostreifen, Tomatenwürfel, gehackte Eier und geriebenen Käse daraufgeben, mit restlichem **Öl** beträufeln und mit **Salz** und **Pfeffer** würzen. Die Tortillas eng aufrollen, in eine Auflaufform geben und im vorgeheizten Ofen etwa 10 Minuten backen. • Burritos herausnehmen, auf zwei Teller geben, mittig schräg durchschneiden und servieren.

Mein Tipp Statt im Ofen können die Burritos auch in der Pfanne bei mittlerer Hitze einige Minuten angebraten werden, dabei zwischendurch wenden.

INDIAN Cheesecake

Ich liebe Cheesecakes in allen Variationen und gerade der New York Cheesecake hat es mir angetan. Dieses Rezept ist ein Mix aus einem originalen Cheesecake-Rezept, das ich in New York bei dem berühmten Cronut-Bäcker „Dominique Ansel Bakery" kennenlernen durfte, und einer Variation aus Indien. Der Kardamom verleiht dem Cheesecake einen speziellen Kick und der indische Panir-Frischkäse macht ihn besonders saftig.

Zubereitungszeit 25 Minuten plus 60 Minuten Backzeit und Abkühlzeit
Ergibt 12 Stücke

300 g Vollkornbutterkekse
100 g Margarine
250 g Panir (siehe unten; alternativ Fertigprodukt)
3 grüne Kardamomkapseln
400 g Doppelrahm-Frischkäse
150 g saure Sahne
150 g Zucker
3 Eier (Größe M)

Außerdem
runde Springform (Ø 22–24 cm)

vegetarisch

Den Backofen auf 160 °C Umluft vorheizen. • **Vollkornkekse** fein hacken oder in einem Mixer oder Blitzhacker zu feinen Krümeln verarbeiten und in eine Schüssel geben. • **Margarine** in einem Topf zerlassen, über die Keksbrösel geben und gut vermengen, sodass ein bröseliger Teig entsteht. • Den Topf mit Küchenpapier auswischen und die Springform damit einfetten. Die Keksmischung hineingeben, am Formboden andrücken und dabei einen kleinen Rand arbeiten. • Den **Panir** fein reiben oder mit den Fingern zerbröseln. **Kardamomsamen** aus der Schale lösen und mörsern. • **Frischkäse, saure Sahne, Zucker, Eier** und Kardamom mit dem Schneebesen oder Handrührgerät vermengen und den Panir unterheben. • Die Frischkäsemischung in die Springform füllen und im vorgeheizten Ofen 60 Minuten backen. • Herausnehmen und auskühlen lassen. Dann aus der Form lösen und auf eine Kuchenplatte heben. – Schmeckt sowohl leicht lauwarm als auch gut gekühlt.

Panir

Zubereitungszeit ca. 15 Minuten plus mind. 4 Stunden Kühlzeit
Ergibt 220–270 g

3 l Milch (3,5 % Fett)
4–5 EL Zitronensaft

vegetarisch glutenfrei

Indischen Panir kann man einfach selbst herstellen: **Milch** in einem Topf erhitzen, nach und nach unter ständigem Rühren **Zitronensaft** zugeben und weiterrühren, bis sich der Käse von der Molke trennt. In ein Sieb abgießen, den Käse in ein Küchen- oder Abseihtuch geben, ausdrücken, auf einen Teller setzen und mindestens 4 Stunden (am besten über Nacht) im Kühlschrank fest werden lassen.

Meine Tipps Frische Mangowürfel mit in Streifen geschnittenen Minzeblättern zum Cheesecake runden den Kuchengenuss perfekt ab. • Übrig gebliebene Stücke kann man wunderbar einfrieren, dann portionsweise auftauen und kalt genießen oder man wärmt sie im Ofen bei 160 °C Umluft kurz an.

Chia-Colada

KOKOS-INGWER-CHIAPUDDING

MIT ANANAS UND MANGO

Chiasamen kommen ursprünglich aus Lateinamerika, vor allem aus Mexiko. Die quellenden Samen sind sehr sättigend und ein absolutes Superfood. Als ich in Mexiko-Stadt unterwegs war, wurde mir dieser Nachtisch in einem sehr stylishen, modernen mexikanischen Restaurant serviert und der Küchenchef verriet mir sein Rezept. Das Original enthält eine klein gehackte Chili. Ich habe stattdessen einen Ingwershot eingefügt, der auch eine leichte Schärfe mitbringt und dessen Geschmack hervorragend zu Mango und Ananas passt.

Zubereitungszeit 15 Minuten plus ca. 45 Quellzeit
Für 2 Personen

Für den Chiapudding
80 g Chiasamen
500 ml Kokosmilch
½ TL Biolimettenabrieb
2 EL Ingwershot (siehe Seite 155; alternativ Fertigprodukt)
1 EL brauner Zucker
1 Prise gemahlener Zimt

Für das Topping
½ reife Mango
¼ Ananas
1 TL brauner Zucker
1 Prise gemahlener Zimt
1 TL Limettensaft

Für den Chiapudding die **Chiasamen** in eine Schüssel geben, **Kokosmilch, Limettenabrieb, Ingwershot, Zucker** und **Zimt** hinzugeben, verrühren und etwa 45 Minuten quellen lassen. • Für das Topping **Mango** und **Ananas** schälen und in feine Würfel schneiden. Eine Pfanne auf mittlerer Stufe erhitzen und die Ananas- und Mangowürfel darin etwa 1 Minute braten. **Zucker** und **Zimt** darüberstreuen, mit **Limettensaft** beträufeln und verrühren. • Den Chiapudding in zwei große Gläser füllen und mit der Früchtemischung toppen.

Meine Tipps Mit Thai-Basilikum und einigen Chiasamen garnieren. Beides lässt sich auch variieren: Etwa 1 EL Chiasamen ohne Fettzugabe in der Pfanne rösten und als crunchiges Topping über die Früchte geben. Wenn man Thai-Basilikum in der Pfanne in etwas Pflanzenöl erhitzt, entfaltet er seinen Powermodus. • Falls kein selbst gemachter Ingwershot zur Hand ist: Im Kühlregal gibt es bei den frischen Säften mittlerweile eine tolle Auswahl. Auch wenn es kein reiner Ingwershot ist, sondern Orangen oder Beeren dabei sind, erfüllt er für dieses Rezept seine Aufgabe und verleiht Frische und eine ganz feine Schärfe.

vegan laktosefrei glutenfrei

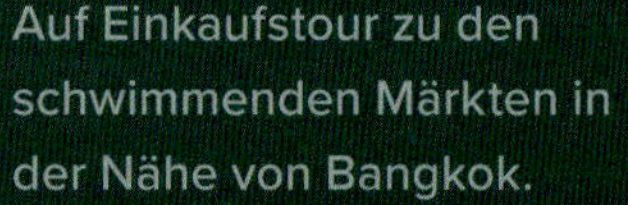

Auf Einkaufstour zu den schwimmenden Märkten in der Nähe von Bangkok.

Zu Gast im thailändischen Dschungel. Beim gemeinsamen Kochen durfte ich mir sogar das eine oder andere Familiengeheimnis abgucken.

Entfernung von zu Hause
8.500 bis 12.000 Kilometer

FERNOST

*Korea, Thailand, Japan,
Philippinen, Hawaii*

WILDREISPORRIDGE MIT SHIITAKE und Edamame-Hummus

Porridge ist ein gesunder Sattmacher und Bohnen enthalten viel Eiweiß, Vitamine sowie Mineral- und Ballaststoffe, die wiederum die Verdauung ankurbeln. Ein konstanter Blutzuckerspiegel ist mir in meinem stressigen Alltag sehr wichtig. Dieses Gericht sorgt für einen lang anhaltenden Sättigungseffekt und so vermeidet man den Weg zu ungesundem Fast Food.

Zubereitungszeit 30 Minuten plus 60 Minuten Einweichzeit und 45 Minuten Garzeit
Für 2 Personen

Für das Porridge
120 g wilder Reis
1 kleiner Zitronengrasstängel
150–200 g Süßkartoffel
1 TL Misopaste
2 TL Sesamöl
100 g Shiitake-Pilze

Für den Hummus
300 g ausgelöste Edamame-Bohnen
1 Knoblauchzehe oder 1 TL Knoblauch in Öl (siehe Seite 96)
2 EL Kokosöl
2 EL Tahini (Sesampaste)
½ TL gemahlener Kreuzkümmel
1 EL Zitronensaft
50 g Sojajoghurt
½ TL Salz

Für das Porridge den **Reis** waschen, um die überschüssige Stärke zu entfernen, und abgießen. In einen Topf geben, 300 ml Wasser hinzugießen und 60 Minuten quellen lassen. • Nach der Quellzeit **Zitronengras** putzen, längs einschneiden und zum Reis geben. Das Wasser zum Kochen bringen, die Hitze auf mittlere Stufe regeln und den Reis abgedeckt 30 Minuten köcheln lassen. • Inzwischen die **Süßkartoffel** schälen und in eine Schüssel reiben. **Misopaste** und **Sesamöl** hinzugeben und vermengen. **Pilze** putzen, in feine Streifen schneiden und zur Süßkartoffel geben. • Süßkartoffelmischung zum Reis geben, umrühren und abgedeckt nochmals 15 Minuten garen. Dann auf der abgeschalteten Herdplatte 10 Minuten ziehen lassen. • In der Zwischenzeit für den Hummus die **Edamame-Bohnen** in einen Topf geben, mit Wasser bedecken, aufkochen und etwa 5 Minuten weich kochen, dann abgießen. **Knoblauchzehe** schälen, grob hacken, mit Edamame-Bohnen, **Kokosöl, Tahini, Kreuzkümmel, Zitronensaft, Sojajoghurt** und **Salz** im Standmixer cremig mixen. Alternativ einen Stabmixer verwenden. • Wildreisporridge mit dem Edamame-Hummus auf zwei Tellern anrichten und genießen.

Meine Tipps Wer möchte, der kann das Gericht mit gerösteten und gehackten Haselnüssen garnieren. • Die Shiitake-Pilze können durch herkömmliche Champignons ersetzt werden. Und statt Edamame kann man Dicke Bohnen aus dem Glas nehmen, die nicht gekocht werden müssen.

vegan laktosefrei glutenfrei

Speed-Kimchi MIT MANGO

Hier stelle ich einen Speed-Kimchi vor. Alle original koreanischen Kimchi haben meist einen tagelangen Gärprozess hinter sich, sodass man sich oft davor scheut, sie selbst zu Hause herzustellen. Mit diesem Rezept biete ich eine schnelle und geschmackvolle Alternative, die auch ohne aufwendige Mehlschwitzen und lange Gärzeiten auskommt.

Zubereitungszeit 25 Minuten plus 3 Stunden Gärzeit
Für 2 Personen

1 Spitzkohl (500 g)
1 TL feines Meersalz
1 Zwiebel
2 Knoblauchzehen
20 g Ingwer
1 rote Chili
2 EL Sojasauce
2 TL edelsüßes Paprikapulver
1 TL Agavendicksaft
Saft von 1 Limette
½ TL Zucker
1 reife Mango

Den **Spitzkohl** waschen, halbieren und den Strunk entfernen. In mundgerechte Stücke schneiden, in eine Schüssel geben und mit dem **Meersalz** bestreuen. Mit den Händen gut vermengen und dabei ordentlich andrücken, damit die Zellen der Kohlblätter aufbrechen und ihr Wasser abgeben. Den Spitzkohl 3 Stunden ziehen lassen. • Gegen Ende der Gärzeit **Zwiebel, Knoblauchzehen** und **Ingwer** schälen und in feine Würfel schneiden. **Chili** waschen und mit Kernen ebenfalls fein würfeln. Alles zum Kohl geben und unterheben. **Sojasauce, Paprikapulver, Agavendicksaft, Limettensaft** und **Zucker** ebenfalls hinzugeben und vermengen. • Zum Schluss die **Mango** schälen, das Fruchtfleisch vom Stein lösen, in mundgerechte Stücke schneiden und unter den Kohl heben. – Passt als Beilage zu allen asiatischen und würzigen Gerichten sowie als BBQ-Beilage. Als Topping gibt es Salaten einen Geschmackskick und schmeckt auch super auf Brot.

Meine Tipps Das Kimchi ist verzehrbereit, hält sich aber auch in einem verschließbaren Einmachglas einige Tage im Kühlschrank und schmeckt von Tag zu Tag noch besser. • Die Limette vor dem Aufschneiden über die Arbeitsfläche rollen, damit der Saft sich anschließend besser auspressen lässt.

KHAO PAD –
THAILÄNDISCHER GEBRATENER REIS
mit Hähnchen

Ein typisches thailändisches Streetfood, das dort meistens extrem scharf ist. Bei diesem Gericht passt die Balance zwischen Schärfe und Säure einfach perfekt.

Zubereitungszeit 30 Minuten
Für 2 Personen

Salz
150 g Jasminreis
2 Eier (Größe M)
1 Zwiebel
2 Knoblauchzehen
1 rote Chili
1 Tomate
1 Frühlingszwiebel
4–5 Stängel Koriandergrün
1 EL Pflanzenöl
300 g Hähnchenbrustfilet
1 TL Kokosblütenzucker
1 EL Fischsauce (Fertigprodukt)
2 EL dunkle Sojasauce
Saft von 1 Limette

Für den Reis 225 ml Wasser mit etwas **Salz** in einem Topf zum Kochen bringen. **Reis** hinzufügen, die Hitze auf niedrigste Stufe reduzieren und abgedeckt etwa 20 Minuten gar ziehen lassen. • Inzwischen die **Eier** in eine Schüssel geben, mit einer Gabel verrühren und beiseitestellen. • **Zwiebel** und **Knoblauchzehen** schälen und fein würfeln. **Chili** waschen, entkernen und fein hacken. **Tomate** waschen, den Stielansatz entfernen, das Fruchtfleisch halbieren, entkernen und fein würfeln. Die **Frühlingszwiebel** putzen und in feine Ringe schneiden. Den **Koriander** waschen und grob hacken. • **Pflanzenöl** in einer Pfanne bei mittlerer Stufe erhitzen. **Hähnchenfleisch** in 2 cm breite Streifen schneiden und mit Zwiebeln, Knoblauch und Chili im Öl 2–3 Minuten kräftig anbraten. An den Pfannenrand schieben, die Eier in die freie Mitte geben, wie Rührei etwa 2–3 Minuten anbraten, dann auseinanderzupfen und mit den Zutaten in der Pfanne vermengen. • Den Reis hinzugeben, kräftig durchrühren, sodass der Reis mit angebraten wird. Zuletzt Tomaten, Frühlingszwiebeln und Koriander hinzugeben und unter ständigem Rühren 2 Minuten mit erhitzen. **Kokosblütenzucker, Fisch-** und **Sojasauce** hinzugeben und mit dem **Limettensaft** abschmecken. Auf zwei Teller geben und servieren.

Meine Tipps Wer möchte, kann das Hähnchenfleisch durch Rindfleisch, Schweinefleisch oder Tofu ersetzen oder auch ganz weglassen. • Da es bei diesem Gericht schnell gehen muss, wird in Thailand oft eine scharfe Würzsauce (Prik Nam Pla) vorbereitet, die man zum Schluss nur noch über die Reismischung in der Pfanne gießen muss. Für die **Prik Nam Pla** 1 TL Kokosblütenzucker, 2 EL Fischsauce, 1 EL dunkle Sojasauce, eine fein gehackte Knoblauchzehe, drei fein gewürfelte rote Chilis und den Saft einer Limette gut verrühren – fertig!

Ingwershot-MANGOSALAT mit Babyspinat

Als ich durch Thailand gereist bin, war ich davon begeistert, wie die Menschen vor Ort mit frischen Zutaten umgehen. Unreife Mangos und Papayas werden mit richtiger Schnitttechnik und besonderem Geschmackskick zu einem echten Erlebnis. Es gab auch eine interessante Ingwershot-Variante: frisch zerstoßener Ingwer oder Galgant konserviert mit frischem Limettensaft. So wird er entweder direkt getrunken oder in verschiedensten Gerichten verwendet.

Zubereitungszeit 25 Minuten
Für 2 Personen

Für das Dressing
1 grüne Chili
1 Knoblauchzehe
1 Biolimette
1 TL brauner Zucker
1 EL Sojasauce
1 EL Pflanzenöl
2 EL Ingwershot (siehe unten; alternativ Fertigprodukt)

Für den Salat
1 unreife Mango
1 rote Paprika
1 Karotte
1 Frühlingszwiebel
1–2 Stängel Minze
80 g Babyspinat
2 EL geröstete, gesalzene Erdnusskerne

vegan laktosefrei

Für das Dressing die **Chili** waschen, entkernen und in feine Streifen schneiden. **Knoblauchzehe** schälen, fein würfeln und mit den Chilistreifen in eine Schüssel geben. **Limette** waschen und etwas von der Schale in die Schüssel reiben. Die Frucht auspressen und den Saft mit **Zucker, Sojasauce, Pflanzenöl** und **Ingwershot** hinzufügen. Alles vermengen und ziehen lassen. • Für den Salat die **Mango** schälen, das Fruchtfleisch vom Stein lösen und in feine Streifen schneiden. **Paprika** waschen, entkernen und ebenfalls in feine Streifen schneiden. **Karotte** schälen, erst quer und dann die Hälften längs halbieren und in feine Streifen schneiden. **Frühlingszwiebel** putzen und in feine Ringe schneiden. **Minze** abbrausen und die Blätter grob hacken. **Babyspinat** waschen und vorsichtig trocken schleudern. • Alle vorbereiteten Zutaten zum Chili-Dressing geben und unterheben. Den Salat auf zwei Schalen oder Teller verteilen, die **Erdnüsse** grob hacken und darüberstreuen.

Mein Tipp Ingwershot ist ein echter Geheimtipp bei einigen meiner Rezepte. Er verleiht Dressings, Süßspeisen und Saucen den nötigen Kick und bringt eine feine Schärfe mit. Der Vorteil ist, dass man sich nicht mit dem Würfeln von frischem Ingwer aufhalten muss und übrig gebliebenen Ingwershot einfach trinken kann.

Ingwershot

Zubereitungszeit 5 Minuten
Ergibt ca. 100 ml

100 g Ingwer
50 ml Limettensaft
50 ml Orangensaft

vegan laktosefrei glutenfrei

Den **Ingwer** schälen, mit **Limetten-** und **Orangensaft** im Standmixer oder mit dem Stabmixer mixen. Durch ein feines Sieb passieren und den Saft auffangen. Siebrückstände gut ausdrücken, den Ingwershot in ein Glas füllen und verschließen.

Som Tam – PAPAYASALAT

Som Tam ist ein original thailändisches Rezept, das aus gestampftem Gemüse besteht. „Som“ heißt übersetzt „sauer“ und „tam“ steht quasi lautmalerisch für das Geräusch des Stampfens. Dieser frische Salat überzeugt als eigenständiges Gericht mit kaum Kohlenhydraten, lässt sich aber auch als Vorspeise zu einem Curry oder zu jeglichen anderen asiatischen oder orientalischen Gerichten kombinieren.

Zubereitungszeit 30 Minuten
Für 2 Personen

2 Knoblauchzehen
2 grüne Chilis
3 Schlangenbohnen (siehe Tipps)
1 unreife Papaya (grüne Papaya)
2 Karotten
8 Cherrytomaten
4 EL geröstete, gesalzene Erdnusskerne
1 EL brauner Zucker
1 EL dunkle Sojasauce
Saft von 1 Limette

Knoblauchzehen schälen, die **Chilis** waschen und mit Kernen in Stücke schneiden. **Schlangenbohnen** waschen und in 4 cm lange Stücke schneiden. **Papaya** schälen, halbieren, entkernen und das Fruchtfleisch in feine Streifen schneiden. **Karotten** schälen und ebenfalls in feine Streifen schneiden. **Tomaten** waschen und halbieren. **Erdnüsse** grob hacken. • Knoblauch und Chilis in einen großen Mörser geben und zerstampfen. Schlangenbohnen hinzugeben und mit dem Stößel leicht zerdrücken. Dann etwa ein Drittel der Papayastreifen hinzugeben und vorsichtig weiter mit dem Stößel zerdrücken, damit das Aroma besser aus dem Fruchtfleisch austritt. **Zucker, Sojasauce** und **Limettensaft** hinzugeben und weiterstampfen. • Den Inhalt des Mörsers in eine große Schüssel geben, restliche Papayastreifen, Karottenstreifen, Tomaten und Erdnüsse hinzugeben und vorsichtig alles vermengen. • Den Papayasalat auf zwei Teller oder Schalen verteilen und genießen.

Meine Tipps Dazu passen sehr gut Kichererbsen-Papadums (siehe Seite 111). • Für die Papayastreifen kann man auch einen Sparschäler verwenden und die abgezogenen Streifen dann mit einem Messer feiner schneiden. • Wenn man keinen geeigneten Mörser zu Hause hat, kann man die Zutaten für das Dressing (Knoblauch, Chilis, Zucker, Sojasauce und Limettensaft) auch in einem Mixer verarbeiten. Gemüse und Obst (Schlangenbohnen, Papaya und Karotten) gibt man dann mit dem gemixten Dressing in eine große Schüssel und stampft es zum Beispiel mit einem Kartoffelstampfer. • Falls keine Schlangenbohnen zu haben sind, 100 g grüne Bohnen, die 5 Minuten blanchiert wurden, verwenden.

vegan laktosefrei

WARMER THAILÄNDISCHER REISBAND-NUDELSALAT

Thailand steht für mich kulinarisch für eine unglaubliche Frische und Leichtigkeit, hervorgerufen durch Kräuter, aber auch durch den Säurekick von Limetten und natürlich auch durch die richtige Menge an Schärfe. Diese Komponenten spielen bei dem sehr einfachen, aber außergewöhnlichen Reisbandnudelsalat ebenfalls eine Rolle.

Zubereitungszeit 25 Minuten
Für 2 Personen

4–5 Stängel Koriandergrün
1 kleine mittelscharfe rote Chili
1 Knoblauchzehe
50 g rote Paprika
50 g Zuckerschoten
50 g Shiitake-Pilze
1 Frühlingszwiebel
1 kleine Karotte
100 g Reisbandnudeln
2 EL Pflanzenöl
2 EL Teriyaki-Sauce
Saft von ½ Limette
1 EL geröstete, gesalzene Erdnusskerne

Koriander abbrausen, trocken schütteln und hacken. **Chili** waschen, entkernen und fein würfeln. **Knoblauchzehe** schälen, ebenfalls fein würfeln und alles in eine Schale geben. • **Paprikastück** und **Zuckerschoten** waschen, **Pilze** und **Frühlingszwiebel** putzen, **Karotte** schälen und alles in feine Streifen schneiden. • Wasser in einem Topf zum Kochen bringen und die **Reisbandnudeln** darin etwa 7 Minuten (oder nach Packungsangaben) köcheln lassen. • Währenddessen **Pflanzenöl** in einer Pfanne erhitzen und die Gemüsestreifen darin bei mittlerer Hitze 3–4 Minuten anschwitzen. Die Koriander-Chili-Mischung unterheben und 1 Minute mit anbraten. Dann mit **Teriyaki-Sauce** und **Limettensaft** würzen und vom Herd nehmen. • Die Reisbandnudeln abgießen, in die Pfanne geben, alles gut vermengen und den Salat auf zwei Teller geben. **Erdnüsse** grob hacken, darüberstreuen und servieren.

Meine Tipps Shiitake-Pilze können durch braune Champignons ersetzt werden und Koriander durch frische Minze. • Wichtig ist, die Reisbandnudeln nicht zu lange zu kochen, da sie sonst matschig werden und zerfallen. • Eine kleine Limettenspalte sollte man griffbereit halten, um dem Salat bei Bedarf noch etwas Säure zu geben.

vegan laktosefrei

VANILLE-
Kokos-Reis
mit Mango

Mangoreis ist eine geniale Süßspeise aus Thailand. Der fruchtige Geschmack einer reifen Mango gepaart mit der süß-salzigen Mischung von Kokosreis ist für Dessertliebhaber ein absolutes Highlight. Das Gericht ist auch noch einfach, schnell und ohne großen Aufwand zuzubereiten.

Zubereitungszeit 15 Minuten plus ca. 20 Minuten Garzeit
Für 2 Personen

100 g Rundkornreis
½ Vanilleschote
220 ml Kokosmilch
Salz
40 g Zucker
1 EL helle Sesamsaat
1 reife Mango
4 Minzeblätter

Den **Reis** in ein Sieb geben, unter lauwarmem Wasser waschen, bis das Wasser klar abfließt. Die **Vanilleschote** längs halbieren und das Vanillemark mit einem kleinen Löffel herauskratzen. 150 ml **Kokosmilch,** Vanillemark und etwas **Salz** in einen Topf geben und zum Kochen bringen. Den Reis hinzufügen und auf niedrigster Stufe abgedeckt etwa 20 Minuten ziehen lassen. • In der Zwischenzeit die restliche **Kokosmilch** mit **Zucker** und etwas **Salz** in einen Topf geben und bei mittlerer Hitze erwärmen, bis sich der Zucker aufgelöst hat. Vom Herd nehmen. • Den **Sesam** in einer Pfanne ohne Fettzugabe kurz anrösten. Die **Mango** schälen, das Fruchtfleisch vom Stein lösen und in mundgerechte Stücke schneiden. • Die Kokossauce unter den fertig gegarten Reis rühren und etwas abkühlen lassen. In zwei Schalen füllen, die Mango darauf anrichten, mit Sesam bestreuen, mit **Minze** garnieren und servieren.

Meine Tipps Schmeckt warm und kalt. • Wird der Reis über Nacht in Wasser eingeweicht, verkürzt sich die Garzeit auf 15 Minuten und die Konsistenz des Reises wird noch weicher und schlotziger.

RÖSLE

ZITRONEN-MANGOLD **KICKT**
TOFU-LIMETTEN-KOKOS-REIS

Auf meinen Reisen durch die ganze Welt gab es einige Länder, in denen ich mich in den ersten Tagen fast ausschließlich vegetarisch ernährt habe. Ich gehe einfach gern auf Nummer sicher und besonders in heißen oder tropischen Ländern scheue ich zunächst Fleisch- oder Fischgerichte, bis ich ein Restaurant oder einen Streetfood-Stand gefunden habe, bei dem ich mir sicher sein kann, dass ich Fleisch oder Fisch vertragen werde. In Thailand habe ich in den ersten Tagen meines Aufenthalts in Bangkok also auch nach vegetarischen Gerichten gesucht und bin in einer kleinen Garage mit Metallgitter als Tür beim Frühstück auf dieses herrliche Reisgericht gestoßen. Dort wurde es mir mit Pak Choi und mit Ei statt Tofu serviert. Als ich, wieder zu Hause, versuchte, es nachzukochen, bekam ich im Supermarkt nur Mangold und stellte fest, dass er klasse mit der Frische vom Reis harmoniert. Außerdem bin ich ein absoluter Fan von Tofu. So entstand dieses tolle, leichte und sommerliche Gericht.

Zubereitungszeit 30 Minuten
Für 2 Personen

Für die Reismischung
5 EL Pflanzenöl
Salz
200 g Basmatireis
200 g Tofu Natur
1 mittelscharfe rote Chili
3–4 Stängel Minze
200 ml Kokosmilch
Saft von 1 Limette
2 ½ EL Sojasauce

Für den Mangold
200 g Mangold
1 EL Pflanzenöl
Saft von ½ Zitrone
Salz
schwarzer Pfeffer aus der Mühle

Für die Reismischung 300 ml Wasser mit 3 EL **Pflanzenöl** und etwas **Salz** in einen Topf geben und zum Kochen bringen. Sobald das Wasser kocht, den **Reis** einrühren und bei niedrigster Hitze abgedeckt etwa 20 Minuten gar ziehen lassen. • Inzwischen den **Tofu** mit der Hand zerbröseln, mit restlichem **Pflanzenöl** in eine Pfanne geben und unter gelegentlichem Rühren etwa 3 Minuten anbraten. • **Chili** waschen, entkernen und in feine Streifen schneiden. **Minze** abbrausen, trocken schütteln, die Blätter hacken und beides in eine Schüssel geben. **Kokosmilch, Limettensaft** und **Sojasauce** hinzufügen und vermengen. • **Mangold** waschen, die Stiele abschneiden, dann Stiele und Blätter übereinanderlegen und grob in Streifen schneiden. **Pflanzenöl** in einer Pfanne auf hoher Stufe erhitzen und den Mangold darin etwa 2 Minuten braten. Mit **Zitronensaft** ablöschen und mit **Salz** und **Pfeffer** würzen. • Den fertigen Reis zum Tofu in die Pfanne geben, die Chili-Kokos-Mischung darübergießen und unterheben. • Zitronen-Mangold in zwei Bowls füllen, mit der Reismischung toppen und servieren.

Meine Tipps Dieses Gericht eignet sich perfekt für warme Sommertage. Die Frische der Minze und die Säure der Limette sorgen für ein herrlich leichtes Geschmackserlebnis. Wer möchte, kann den Tofu auch durch Fleisch, zum Beispiel Hähnchenbrustfilet, Schweine- oder Rinderfilet, ersetzen. • Man kann den Mangold unter die Reis-Tofu-Mischung heben, statt die Komponenten getrennt in die Bowls zu füllen.

vegan laktosefrei

Rotes Thai-Curry

mit gelben, roten und lila Karotten

Ich kombiniere gern heimische Zutaten mit Gerichten aus der ganzen Welt. So ist auch dieses Rezept entstanden. Eigentlich ein typisches Thai-Curry, das aber durch die Verwendung der lila Karotten eine außergewöhnliche Farbe und einen süßlichen Geschmack bekommt. Die lila Karotte wird auch Urkarotte genannt und ist der Vorgänger der heute gängigen orangen Sorte. Auf dem Wochenmarkt um die Ecke findet man diese Karotten und kann sie genauso verwenden wie normale Karotten.

Zubereitungszeit 15 Minuten plus 7–8 Minuten Garzeit
Für 2 Personen

1 Süßkartoffel (350 g)
1 rote Karotte
1 gelbe Karotte
1 lila Karotte
1 rote Zwiebel
1 Knoblauchzehe
1-cm-Stück Ingwer
1 TL Kokosöl
300 ml Kokosmilch
1 EL rote Thai-Currypaste (Fertigprodukt)
Saft von 1 Limette
2–3 Stängel Koriandergrün

Süßkartoffel schälen und würfeln. Alle **Karotten** schälen und in 5 mm dicke Scheiben schneiden. **Zwiebel, Knoblauchzehe** und **Ingwer** schälen und fein würfeln. • **Kokosöl** in einem Topf auf mittlerer Stufe erhitzen. Zwiebeln, Knoblauch und Ingwer darin 1 Minute anschwitzen. Mit **Kokosmilch** ablöschen, **Currypaste** einrühren und **Limettensaft** hinzufügen. • Süßkartoffelwürfel und Karottenscheiben dazugeben, den Deckel aufsetzen und 7–8 Minuten köcheln lassen, bis das Gemüse gar wird und die Karotten ihre lila Farbe an die Kokosmilch abgeben. **Koriander** abbrausen, trocken schütteln, hacken und dazugeben. • Das Thai-Curry in zwei Schalen füllen und servieren.

Meine Tipps Dazu passt Reis als Beilage. • Man kann das Gericht auch mit Hähnchenfleisch oder Garnelen ergänzen. Hähnchenfleisch in Würfel schneiden und einfach mit Süßkartoffeln und Karotten in der Kokosmilch garen. Wenn man sich für Garnelen entscheidet, diese separat braten und auf dem fertigen Curry anrichten.

vegan laktosefrei glutenfrei

MINCED PORK – *Pad Kra Pao*

Dieses thailändische Rezept, dessen Name so viel wie „gebratenes heiliges Basilikum" bedeutet, ist eines der einfachsten, das es gibt. Es geht superschnell, überzeugt durch seinen würzigen, außergewöhnlichen Geschmack und macht sich sehr gut als Bestandteil eines asiatischen Buffets.

Zubereitungszeit 20 Minuten
Für 2 Personen

1 rote Zwiebel
1 Knoblauchzehe
1 mittelscharfe rote Chili
1 EL Pflanzenöl
400 g grobes Schweinehackfleisch
1 EL Fischsauce (Fertigprodukt)
1 EL dunkle Sojasauce
1 TL brauner Rohrzucker
5–6 Stängel Thai-Basilikum

Zwiebel und **Knoblauchzehe** schälen und fein würfeln. Die **Chili** waschen, entkernen und in feine Streifen schneiden. • **Pflanzenöl** in einer Pfanne auf mittlerer Stufe erhitzen, Zwiebeln, Knoblauch und Chili darin 2 Minuten anschwitzen. **Schweinehackfleisch** hinzugeben und etwa 2 Minuten unter gelegentlichem Rühren anbraten. • **Fischsauce, Sojasauce** und **Zucker** einrühren und weitere 3–4 Minuten braten, bis das Hackfleisch gar ist. • **Thai-Basilikum** abbrausen, trocken schütteln, grob hacken und in die Hackfleischmischung geben. In zwei Bowls füllen und genießen.

Meine Tipps Als Beilage passt dazu gegarter Reis oder Brot, zum Beispiel selbst gebackenes Naan-Brot (siehe Seite 70) oder Chapati (siehe Seite 108) und natürlich auch gekauftes Baguette oder Ciabatta. • Wer kein Schweinehack verwenden möchte, kann auch Schweinefilet fein würfeln. • Statt Thai-Basilikum kann man Zitronengras nehmen, das aus dem Gericht ein echtes aromatisches Highlight macht. Dazu einen Zitronengrasstängel putzen, leicht zerdrücken und mit der Zwiebel in die Pfanne geben. Nach dem Garen entfernen.

Hawaiianische Quinoa-Poke

MIT MOHN-TOFU, ANANAS UND AVOCADO

„Poke" ist hawaiianisch und bedeutet „in Stücke geschnitten", was im Original auf den in Stücke geschnittenen rohen Fisch in den Bowls hinweist. Bowls sind sehr einfach zuzubereiten und können nach Belieben zusammengestellt werden. Es gehört zwar immer auch ein wenig Schnibbelarbeit dazu, aber der Aufwand lohnt sich!

Zubereitungszeit 25 Minuten plus ca. 12 Minuten Garzeit
Für 2 Personen

75 g Quinoa
1 EL Olivenöl
Salz
300 g Süßkartoffel
2 EL Pflanzenöl
½ TL brauner Zucker
200 g Tofu Natur
1 Knoblauchzehe
½ Ananas
1 mittelscharfe rote Chili
1–2 Stängel Minze
50 ml Orangensaft
2 TL Limettensaft
½ TL Mohnsamen
1 Avocado

Quinoa in einem feinen Sieb kurz mit warmem Wasser abbrausen. 200 ml Wasser in einem Topf zum Kochen bringen, die Quinoa dazugeben und etwa 12 Minuten kochen. Vom Herd nehmen und abgedeckt 10 Minuten quellen lassen. Dann mit **Olivenöl** beträufeln und mit **Salz** würzen. • Inzwischen die **Süßkartoffel** schälen und in mundgerechte Stücke schneiden. 1 EL **Pflanzenöl** in einer Pfanne auf mittlerer Stufe erhitzen und die Süßkartoffeln darin unter häufigem Wenden etwa 10 Minuten braun braten. Mit **Zucker** bestreuen, mit **Salz** würzen und auf einen Teller geben. • Parallel dazu **Tofu** würfeln, **Knoblauchzehe** schälen und fein würfeln. **Ananas** schälen, den Strunk entfernen und das Fruchtfleisch in mundgerechte Stücke schneiden. **Chili** waschen, entkernen und in feine Streifen schneiden. **Minze** abbrausen, trocken schütteln und die Blätter fein hacken. • Restliches **Pflanzenöl** in der gleichen Pfanne erhitzen und den Tofu darin unter gelegentlichem Wenden 4–5 Minuten braun braten. Mit **Salz** würzen, Knoblauch hinzugeben und mit **Orangensaft** ablöschen. 1 TL **Limettensaft** und **Mohnsamen** hinzugeben und beiseitestellen. • Inzwischen die **Avocado** halbieren, entkernen, das Fruchtfleisch herausheben, würfeln und mit restlichem **Limettensaft** beträufeln. • Quinoa in zwei Bowls füllen, Süßkartoffeln, Tofu, Ananas und Avocado darauf anrichten und mit Chili und Minze garnieren.

Meine Tipps Tofu lässt sich auch durch Hähnchenfilet und andere Fleisch- oder Fischsorten ersetzen. • Wer es saftiger, würziger oder mit Sauce mag, kann die Bowls mit je 2 EL Tomaten-Chili-Marmelade (siehe Seite 181) oder je 2 EL Mango-Chutney (siehe Seite 186) oder mit Joghurtsauce (Chicken Tikka mit Limetten-Minze-Joghurt; siehe Seite 95) toppen.

vegan laktosefrei glutenfrei

JAPANISCHE

Okonomiyaki-Pfannkuchen

mit Schinken und Rucola

„Okonomi“ steht im Japanischen für „was dir gefällt“ und „yaki“ für braten. Die japanische Küche blüht auf – und du gleich mit. Ein japanischer Pfannkuchen-Pizza-Mix, den du nach deinen Wünschen belegen kannst.

Zubereitungszeit 35 Minuten
Für 2 Personen

Für das Topping
1 Nori-Blatt
4 Scheiben Parmaschinken
10 g Ingwer
50 g Rucola
2 EL Mayonnaise (80 % Fett)
2 EL Worcestershiresauce
1 TL helle Sesamsaat

Für die Pfannkuchen
100 g Weißkohl
1 Karotte
120 g Weizenmehl (Type 405)
2 EL Panko-Panierbrösel
2 Eier (Größe M)
Salz
2 EL Olivenöl

Für das Topping **Nori-Blatt** und **Schinken** in feine Streifen schneiden. **Ingwer** schälen und fein würfeln. **Rucola** waschen und trocken schleudern. Alles in eine Schüssel geben und beiseitestellen. • Für die Pfannkuchen den **Kohl** waschen, trocken tupfen und grob raspeln. **Karotte** schälen und ebenfalls grob raspeln. • **Mehl, Panko, Eier,** 50 ml Wasser und eine Prise **Salz** in einer Schüssel zu einem Teig vermengen. Kohl- und Karottenraspel dazugeben und verrühren. • 1 EL **Olivenöl** in einer Pfanne auf niedriger Stufe erhitzen. Die Hälfte des Gemüseteigs hineingeben und von einer Seite ausbacken. Dann auf einen Teller geben. Auf die gleiche Weise mit dem restlichen **Öl** den zweiten Pfannkuchen backen und ebenfalls auf einen Teller geben. • **Mayonnaise, Worcestershiresauce** und **Sesam** zur Schinken-Rucola-Mischung in die Schüssel geben und verrühren. Die Pfannkuchen damit toppen und servieren.

Meine Tipps Der Pfannkuchenteig kann auch in einem Waffeleisen ausgebacken werden. • Das Topping kannst du ganz nach eigenen Wünschen verändern und ergänzen. • Als Alternative zum Nori-Blatt können geriebener Rettich oder gebratene Pilze verwendet werden.

CHILL-OUT BAKED

SUSHI

Sushi bakes sind ein außergewöhnlicher Trend auf den Philippinen. Diese neue Sushi-Variante wird nicht frittiert, sondern im Ofen wie eine Art Sushi-Auflauf gebacken. Die Grundlage ist Sushi-Reis zum Beispiel mit einer Schicht Sesam, Nori-Blättern, Frischkäse und je nach Geschmack Tofu, Fisch oder Surimi. Das Topping besteht aus Mayonnaise und scharfen Saucen. Eine Sushi-Variante ohne rohen Fisch und ohne kompliziertes Rollen.

Zubereitungszeit 15 Minuten plus 40 Minuten Ruhezeit, ca. 15 Minuten Garzeit und 10 Minuten Backzeit
Für 2 Personen

Für die Reisschicht
250 g Sushi-Reis (Rundkornreis)
Salz
50 ml Reisessig
1 EL Zucker
Pflanzenöl zum Einfetten

Für die Tofuschicht
1 Knoblauchzehe
150 g Tofu Natur
1 EL Olivenöl
1 TL weiße Sesamsaat
Salz
schwarzer Pfeffer aus der Mühle
1 EL Sojasauce
1 EL Chilisauce (Fertigprodukt) oder Tomaten-Chili-Marmelade (siehe Seite 181)
1 EL Mayonnaise (80 % Fett)
4 Nori-Blätter

Für die Reisschicht den **Sushi-Reis** in eine Schüssel geben, mit kaltem Wasser bedecken und rühren, bis das Wasser trüb ist. Abgießen und den Vorgang etwa dreimal wiederholen, bis das Wasser klar bleibt. Den Reis erneut mit frischem Wasser bedecken und 30 Minuten quellen lassen. • Den Reis abgießen, mit 350 ml Wasser und etwas **Salz** in einen Topf geben, aufkochen und bei niedriger Hitze abgedeckt etwa 15 Minuten köcheln lassen. Den Herd ausschalten, den Deckel schräg aufsetzen, damit der Dampf entweichen kann, und 10 Minuten ruhen lassen. • **Reisessig** mit **Zucker** und einer Prise **Salz** in einen kleinen Topf geben und leicht erwärmen, bis sich Zucker und Salz aufgelöst haben. • Den Reis in eine Schüssel füllen, mit der Essigmischung beträufeln, vorsichtig auflockern und abkühlen lassen. • Inzwischen den Backofen auf 180 °C Umluft vorheizen. • Für die Tofuschicht die **Knoblauchzehe** schälen und fein hacken und den **Tofu** in kleine Würfel schneiden. **Olivenöl** in einer Pfanne erhitzen, Knoblauch und Tofu darin 2–3 Minuten unter gelegentlichem Wenden anbraten, mit **Sesam** bestreuen und mit **Salz** und **Pfeffer** würzen. • Den Reis in einer Schicht in eine eher kleinere, mit **Pflanzenöl** eingefettete Auflaufform geben, den Tofu darüberschichten und im vorgeheizten Ofen 5 Minuten backen. Mit **Soja-** und **Chilisauce** beträufeln, **Mayonnaise** darauf verteilen und wieder 5 Minuten backen. • Aus dem Ofen nehmen, einige Minuten abkühlen lassen, dann auf die **Nori-Blätter** verteilen, locker einrollen und genießen. – Alternativ die Nori-Blätter in Stücke schneiden, Füllung daraufgeben und mit dünnen Nori-Streifen garnieren.

Meine Tipps Den Sushi-Reis zum Abkühlen nicht in den Kühlschrank stellen, da er sonst hart wird. • Alternativ den Sushi-Reis unter fließendem Wasser abspülen, bis es klar abläuft. Allerdings ist der Wasserverbrauch dann höher. • Die Füllung kann nach Belieben variiert werden und mit Fisch, Frischkäse, Roastbeef oder vegan zubereitet werden.

Red-Thai-Paste köchelt köstlich vor sich hin.

Wenn eine fast 100-jährige Dame mich zum gemeinsamen Curry-Kochen zu sich nach Hause einlädt, sage ich nicht Nein. Wir hatten uns auf einem City-Markt in Thailand kennengelernt und es war Liebe auf den ersten Blick.

AUS ALLER WELT

Pasten, Saucen, Chutneys und Gewürzmischungen

FRUCHTIGE
KARAMELLSAUCE
ERDBEER-
KETCHUP

Fruchtige und süße SAUCEN

Auf verrückte, aber dennoch einfache Ideen wie Erdbeerketchup und fruchtige Karamellsauce zu kommen, ist genau das, was mir liegt.

ERDBEERKETCHUP

Zubereitungszeit 10 Minuten plus ca. 15 Minuten Garzeit
Ergibt ca. 400 g

400 g Erdbeeren
1 TL Tomatenmark
50 ml passierte Tomaten
1 TL brauner Zucker
2 Prisen Rauchsalz
1 TL Limettensaft
1 TL Orangensaft
schwarzer Pfeffer aus der Mühle

vegan laktosefrei glutenfrei

Die **Erdbeeren** waschen, entstielen und grob in Stücke schneiden. Einen Topf auf mittlerer Stufe erhitzen, die Erdbeeren hineingeben und abgedeckt etwa 10 Minuten weich garen. • Die Hitze reduzieren, **Tomatenmark, Tomaten, Zucker, Rauchsalz, Limetten-** und **Orangensaft** hinzugeben und noch etwa 3 Minuten köcheln lassen. • Zum Schluss die Erdbeerstücke mit einer Gabel zerdrücken und mit **Pfeffer** abschmecken. In ein Glas füllen, abkühlen lassen und verschließen. – Halt sich im Kühlschrank mehrere Tage.

Meine Tipps Überreife Erdbeeren eignen sich hervorragend für den Ketchup. Falls gewünscht, den Ketchup mit dem Stabmixer glatt mixen. • In einigen Ketchup-Rezepten wird Essig benutzt, meine Geheimwaffe ist Zitronen- oder Limettensaft.

FRUCHTIGE KARAMELLSAUCE

Zubereitungszeit 10 Minuten
Ergibt ca. 240 g

100 g Zucker
160 ml Maracujasaft
2–3 TL Zitronensaft

vegan laktosefrei glutenfrei

Eine Pfanne auf mittlerer Stufe erhitzen, den **Zucker** einstreuen, auflösen und braun karamellisieren. Sofort mit **Maracuja-** und **Zitronensaft** ablöschen. • Die Hitze etwas erhöhen, die Mischung jedoch nicht zum Kochen bringen, sondern unter ständigem Rühren warten, bis sich eine cremige Konsistenz bildet und der Zucker sich mit den Säften verbunden hat. • In ein Glas füllen, abkühlen lassen und verschließen. – Hält sich im Kühlschrank 2 Monate. Diese von mir liebevoll „süßes Maggi" genannte Karamellsauce verfeinert Currys und herzhafte Saucen, Früchte und Süßspeisen bekommen dadurch noch mal einen ganz besonderen Geschmack.

Meine Tipps Am besten eine beschichtete Pfanne nehmen, damit der Zucker über den Pfannenboden gleiten kann. Sobald der Zucker karamellisiert ist, schnell ablöschen, da er sonst bitter wird. • Für eine kräftigere Karamellnote kann man braunen Zucker verwenden.

GEWÜRZPASTE
MIT KOKOSMILCH
TOMATEN-CHILI-
MARMELADE

BASIC-TOMATENSAUCE
GEWÜRZMISCHUNG „ALLESKÖNNER“
GEWÜRZMISCHUNG „DIE EXPLOSIVE“

Würzige SAUCEN

Exotische Gewürze liegen voll im Trend und ich bin ein Liebhaber von verschiedenen Geschmackskombinationen, die sich durch Süße, Säure, Schärfe und das Salzige erzeugen lassen. Diese Rezepte sind beste Beispiele für die Geschmacksexplosionen, nach denen ich stets auf der Suche bin.

BASIC-TOMATENSAUCE

Zubereitungszeit 20 Minuten plus 45 Minuten Garzeit
Ergibt ca. 600 g

3–4 Stängel glatte Petersilie
1 rote Chili
1–2 Knoblauchzehen
2 Sardellen
1 rote Zwiebel
1 Karotte
4 EL Olivenöl
400 g stückige Tomaten aus der Dose
1 TL Salz

laktosefrei glutenfrei

Petersilie waschen und fein hacken. **Chili** waschen, entkernen und würfeln. **Knoblauchzehe(n)** schälen und würfeln, **Sardellen** hacken, alles in eine Schale geben und vermengen. • **Zwiebel** und **Karotte** schälen und würfeln. • **Olivenöl** in einer Pfanne oder einem Topf bei mittlerer Hitze erhitzen, Zwiebel- und Karottenwürfel darin 1–2 Minuten anschwitzen. • Sardellenmischung hinzufügen und 5 Minuten anschwitzen. **Tomaten** dazugeben, die leere Dose mit Wasser füllen und in die Pfanne gießen. Mit **Salz** würzen und 45 Minuten bei niedriger Hitze einkochen lassen. • Die Tomatensauce in Gläser füllen, abkühlen lassen und verschließen. – Hält sich im Kühlschrank mehrere Tage. Passt klassisch zu Nudeln, Reis sowie Eiergerichten und ist natürlich eine leckere Pizzasauce. Man kann die Sauce Eintöpfen, vielen mediterranen Fleischgerichten sowie einem Römertopf hinzufügen.

Meine Tipps So hat man direkt etwas vorbereitet, wenn man nach Hause kommt und der Magen knurrt. • Die Tomatensauce ist auch eine klasse Grundlage für eine schnelle Shakshuka (siehe Seite 74).

BASIC-TOMATENSAUCE VEGETARISCH

vegetarisch glutenfrei

Die Sardellen bringen einen einzigartigen Geschmack in die Tomatensauce, aber für eine vegetarische Sauce kann man sie weglassen und stattdessen 1 EL Sojasauce mit den Dosentomaten dazugeben. Ansonsten wie oben beschrieben vorgehen.

GEWÜRZPASTE MIT KOKOSMILCH

Zubereitungszeit 20 Minuten
Ergibt ca. 430 g

1 Zwiebel
1 Knoblauchzehe
5 Cherrytomaten
2 EL Pflanzenöl
1 EL Tomatenmark
1 EL mildes Currypulver
1 TL edelsüßes Paprikapulver
Saft von 1 Limette
4 EL Maracujasaft
50 ml passierte Tomaten
1 TL brauner Zucker
100 ml Kokosmilch
50 g Sahne

vegetarisch glutenfrei

Zwiebel und **Knoblauchzehe** schalen und fein würfeln. **Cherrytomaten** waschen und vierteln. • **Pflanzenöl** in einer Pfanne erhitzen und die Zwiebeln darin bei mittlerer Hitze 4–5 Minuten glasig anschwitzen. • Knoblauch und **Tomatenmark** hinzugeben, mit **Curry-** und **Paprikapulver** würzen und direkt mit **Limetten-** und **Maracujasaft** ablöschen. • **Passierte Tomaten,** Cherrytomaten, **Zucker, Kokosmilch** und **Sahne** einrühren und weitere 2–3 Minuten köcheln lassen. • Die Gewürzpaste in ein Glas füllen, abkühlen lassen und verschließen. – Hält sich im Kühlschrank 2 Wochen. Passt zu Hähnchen, Lamm- und Rindfleisch, Fisch, Tofu, Bohnen und hart gekochtem Ei. Lecker auch als Dip oder als kleine würzige Beilage bei Tisch.

Meine Tipps Davon am besten gleich die doppelte Menge herstellen. • Für eine vegane Variante die Sahne durch Kokosmilch ersetzen. • Für ein ganz schnelles Gericht die Gewürzpaste unter gebratenen Reis oder gegarte Nudeln heben. Oder das Linsen-Dal (Tipp siehe Seite 115) zubereiten.

TOMATEN-CHILI-MARMELADE

Zubereitungszeit 20 Minuten plus
15 Minuten Garzeit
Ergibt ca. 150 g

8–9 Cherrytomaten
1 Knoblauchzehe
10 g Ingwer
1 mittelscharfe rote Chili
1 EL Pflanzenöl
50 ml Apfelessig
2 EL Zucker
Salz
schwarzer Pfeffer aus der Mühle

vegan laktosefrei glutenfrei

Tomaten waschen und grob würfeln. **Knoblauchzehe** und **Ingwer** schälen und fein würfeln. **Chili** waschen und mit Kernen in feine Würfel schneiden. • **Pflanzenöl** in einem kleinen Topf erhitzen, Tomaten, Knoblauch, Ingwer, Chili und **Essig** hinzugeben und bei mittlerer Hitze 15 Minuten abgedeckt köcheln lassen. • **Zucker** einrühren und noch mal kurz aufkochen lassen. Mit **Salz** und **Pfeffer** abschmecken. • Die Tomaten-Chili-Marmelade in ein Glas füllen, abkühlen lassen, verschließen und im Kühlschrank aufbewahren. – Passt wunderbar als Begleiter zu einer Käseplatte oder auch einfach als pikanter Brotaufstrich. Sehr gut als Marinade für alle BBQ-Gerichte.

Meine Tipps Für eine feinere Konsistenz nach dem Kochen mit dem Stabmixer pürieren. • Die Marmelade wird auch für die Ofen-Spareribs (siehe Seite 121) verwendet.

Gewürzmischungen

Mein Vater hatte in den 1980er-Jahren ein Lokal in einem Tennisverein, als der Tennissport boomte. Die Gewürzmischung in seinen Frikadellen sorgte dafür, dass diese jeden Tag ausverkauft waren. Als wir das Restaurant eröffneten, hatten wir die Idee, das Gewürz zu verkaufen, und bekamen viel positives Feedback von unseren Gästen, die uns erzählten, wie sie diese Gewürzmischung zu Hause einsetzen. So entstand der Name: Alleskönner! Die Explosive ist die verschärfte Version des Alleskönners.

ALLESKÖNNER

Zubereitungszeit 5 Minuten
Ergibt ca. 35 g

2 EL mildes Currypulver
2 Prisen Meersalz
1 EL edelsüßes Paprikapulver
2 Prisen Knoblauchpulver
1 Msp. Biozitronenabrieb
2 Prisen Chilipulver
1 TL gemahlener Kreuzkümmel
½ TL schwarzer Pfeffer aus der Mühle
2 Prisen brauner Zucker

vegan laktosefrei glutenfrei

Alle **Zutaten** mischen und in einem gut verschließbaren Glas aufbewahren. – Passt zu Fleisch-, Fisch- und Gemüsegerichten, vor allem zu Grillgerichten und Currys. Über Spiegel- oder Rührei oder ein Avocadobrot gestreut ebenfalls sehr lecker. Der Alleskönner passt generell zu allen Rezepten, die Currypulver enthalten.

DIE EXPLOSIVE

Zubereitungszeit 5 Minuten
Ergibt ca. 40 g

alle Zutaten für den Alleskönner (siehe oben)
1 TL Cayennepfeffer
1 TL Chilipulver
1 TL Biolimettenabrieb

vegan laktosefrei glutenfrei

Die **Alleskönner-Zutaten** mit den anderen **Gewürzen** mischen und in einem gut verschließbaren Glas aufbewahren. – Als verschärfte Version kann die Explosive genauso eingesetzt werden wie die Alleskönner-Gewürzmischung.

Mein Tipp Wer etwas experimentieren möchte, kann sein Lieblingsgewürz zu dieser Mischung hinzufügen und ausprobieren.

BIRNEN-CHUTNEY

WESTFALEN-CHUTNEY
MANGO-CHUTNEY

Chutneys

Der Begriff „Chutney“ kommt aus dem Indischen und bezeichnet eine würzige, teils süßsaure, mitunter auch scharfe Sauce. Das Mango-Chutney ist der Dauerrenner in unserem Restaurant. Es überzeugt durch seine geschmackvolle Süße und die unterschwellige, angenehme Schärfe. Ebenso die beiden anderen Chutneys. Beim Birnen-Chutney handelt es sich um eine deutsch-indische Freundschaft und das Westfalen-Chutney widme ich meiner Heimat Nordrhein-Westfalen.

MANGO-CHUTNEY

Zubereitungszeit 15 Minuten
Ergibt ca. 350 g

1 Mango
1 EL Pflanzenöl
100 ml Apfelsaft
1 TL Limettensaft
1 Knoblauchzehe
½ mittelscharfe rote Chili
1 TL mildes Currypulver
50 ml passierte Tomaten
1 EL brauner Zucker
Salz

vegan laktosefrei glutenfrei

Die **Mango** schälen, das Fruchtfleisch vom Stein lösen und in kleine Würfel schneiden. • **Pflanzenöl** in einem kleinen Topf auf mittlerer Stufe erhitzen. Mangostücke, **Apfel-** und **Limettensaft** hinzugeben, den Deckel aufsetzen und 7–8 Minuten weich garen. • Inzwischen die **Knoblauchzehe** schälen und fein würfeln. **Chili** waschen, entkernen und ebenfalls fein würfeln. Die Hitze reduzieren, Knoblauch, Chili und **Currypulver** unter die Mangomasse rühren. • Die Hitze wieder erhöhen, **Tomaten** zugeben und etwa 2 Minuten einkochen lassen, bis das Chutney schlotzig wird. **Zucker** einrühren und mit **Salz** abschmecken. • Vom Herd nehmen, in ein Glas füllen, abkühlen lassen und verschließen. – Passt zu Rohkost, Fisch, gegrilltem Fleisch und Grillkäse, aber auch zu Teigtaschen. Dieses Chutney fügt den Gerichten eine aromatische Kombination aus Süße und Schärfe hinzu.

Meine Tipps Gerade in den kalten Wintermonaten kann das Mango-Chutney eine wunderbare Ergänzung zu einem Gericht sein. Durch Currypulver und Chili bekommt man schnell warme Hände und Füße, ohne seinen Gaumen zu verbrennen. • Auch harte und nicht so reife Mangos können hier verwendet werden. Die Mango einfach ins Gefrierfach legen, einige Stunden vor der Zubereitung auftauen und schälen und das Fruchtfleisch lässt sich superleicht lösen. • Die Mango kann nach Belieben durch andere Früchte wie Ananas, Birne oder Apfel ersetzt werden. • Im Glas und hübsch verpackt, eignet sich das Mango-Chutney auch sehr schön als Geschenk, zum Beispiel für die Gastgeber eines Grillabends.

BIRNEN-CHUTNEY

Zubereitungszeit 15 Minuten
Ergibt ca. 350 g

2 Birnen
2 dünne Frühlingszwiebeln
2 EL Pflanzenöl
100 ml Apfelsaft
1 EL Zucker
2 Prisen Chilipulver
Salz
schwarzer Pfeffer aus der Mühle

vegan laktosefrei glutenfrei

Birnen waschen, vierteln, entkernen und ungeschält in kleine Stücke schneiden. **Frühlingszwiebel** putzen und in feine Ringe schneiden. **Pflanzenöl** in einer Pfanne erhitzen. Birnen und Frühlingszwiebeln darin 1 Minute anbraten. • Mit **Apfelsaft** ablöschen und abgedeckt 3–4 Minuten dünsten, bis die Birnen weich sind. **Zucker** und **Chilipulver** mit **Salz** und **Pfeffer** würzen und vermengen. • Das Chutney in ein Glas füllen, abkühlen lassen und verschließen. – Passt als Begleiter zu einer Käseplatte oder zum Käsebrot oder als Dip zu Rohkost und schmeckt super zu Brot wie Ciabatta und Baguette.

Mein Tipp Für das Birnen-Chutney können auch andere leckere Früchte wie Äpfel verwendet werden und der Geschmack lässt sich durch andere Fruchtsäfte variieren.

WESTFALEN-CHUTNEY

Zubereitungszeit 10 Minuten plus ca. 10 Minuten Garzeit
Ergibt ca. 250 g

1 Zwiebel
1 Apfel
1 rote Chili
2–3 Stängel Dill
2-cm-Stück Ingwer
4 EL Weißweinessig
1 Prise Salz
2 EL brauner Zucker

vegan laktosefrei glutenfrei

Zwiebel schälen und würfeln. **Apfel** waschen und ungeschält ebenfalls würfeln. **Chili** waschen, entkernen und in feine Würfel schneiden. **Dill** waschen, trocken schütteln und hacken. **Ingwer** schälen und fein würfeln. • Eine Pfanne auf mittlerer Stufe erhitzen. Zwiebeln, Äpfel, Chili, Dill und Ingwer mit 80 ml Wasser, **Essig**, **Salz** und **Zucker** hinzugeben und etwa 10 Minuten köcheln lassen, bis die Flüssigkeit reduziert ist. • Das Chutney in ein Glas füllen, abkühlen lassen und verschließen. – Passt sehr gut zu Würstchen und herzhaften Fleischgerichten sowie zu Kartoffelpüree.

Meine Tipps Den Apfel schäle ich nicht, denn vor allem die Schale enthält Pektin, das ein gutes Geliervermögen hat. Auf diese Weise braucht man auch etwas weniger Zucker. • Für eine Westfalenschnitte: Einen Stich Butter in einer Pfanne zerlassen, eine leckere Scheibe Brot vom Vortag darin kross anbraten und dann mit Westfalen-Chutney toppen – fertig!

Der Einkaufs- und Ernährungsassistent für unsere Kochbücher

Abschreiben oder Abfotografieren war gestern Rezepte aus unseren Kochbüchern lassen sich kostenlos auf www.mengenrechner.de an die Personenzahl und individuelle Portionsgrößen anpassen und als E-Mail auf euer Smartphone schicken oder gleich dort aufrufen. Zutaten lassen sich streichen, neue Zutaten ergänzen.

Rezept- und Zutatenfilter Sucht zum Beispiel nach veganen, vegetarischen, glutenfreien, laktosefreien Rezepten oder nach Gerichten mit Zutaten, die ihr noch vorrätig habt. Speichert eure Lieblingsrezepte und Einkaufslisten.

Persönlicher Ernährungsassistent Sortiert Rezepte nach Kalorien, Kohlenhydraten, Fett- oder Eiweißgehalt. Berechnet wissenschaftlich euren täglichen Kalorienbedarf und -verbrauch. Legt Maximalwerte für Kalorien- oder Kohlenhydrataufnahme fest. Führt Tagesprotokolle mit Nährwertbilanz.

Rezeptregister

Alex Wahi dankt Dieses Kochbuch wäre nicht das, was es heute ist, ohne die lieben Menschen in meinem Leben, die für mich das Wichtigste auf der Welt sind und durch deren witzige, offene und geistreiche Art jeder meiner Tage aufs Neue bereichert wird. Besonders zu erwähnen sind dabei meine Eltern, die mir die Leidenschaft fürs Kochen in die Wiege gelegt haben. Außerdem natürlich meine Freundin und mein „Partner in Crime" Pernilla. Danke, dass du immer an meiner Seite stehst! Ein großer Dank geht außerdem an meinen Manager und guten Freund Jürgen Evers und an das ganze Team von kick-Management. Danke auch an meine Heimatstadt Hamm und an Louis.

Der Verlag dankt Herzlichen Dank an Alex Wahi für diese köstliche Rezeptsammlung, die vor Inspiration und internationalem Flair nur so sprüht. Es war uns eine große Freude, mit dir auf diese Genussreise zu gehen! Danke für die großartigen Food-Fotos an Hubertus Schüler sowie an Benedikt Obermeier für die Fotoassistenz und an Stefan Mungenast für das Foodstyling. Vielen Dank auch an Sabine Krebs-Gädecke für die einmaligen, extra für dieses Buch getöpferten Keramiken. Herzlichen Dank für die wunderbaren Autorenporträts an Judith Büthe. Vielen Dank an Şebnem Yavuz für das Rezeptlektorat und an Doreen Köstler für das Schlusslektorat.

Der Verlag dankt allen Beteiligten, die durch ihre Mithilfe und Unterstützung zum Gelingen dieses Buches beigetragen haben. Für ihre unermüdlichen Bemühungen um die außerordentliche Qualität danken wir unseren Mitarbeiterinnen Anne Krause, Ellen Schlüter, Valerie Mayer, Alexandra Janik, Maja Sauvant, Katerina Stegemann und Annika Steinacker.

Impressum

Originalausgabe
Becker Joest Volk Verlag GmbH & Co. KG
Bahnhofsallee 5, 40721 Hilden, Deutschland

1. Auflage September 2021
ISBN 978-3-95453-229-2

Autor: Alex Wahi
Food-Fotografie: Hubertus Schüler
Food-Fotografie-Assistenz: Benedikt Obermeier
Food-Styling: Stefan Mungenast
Porträt-Fotografie: Judith Büthe (Seite 8, 10, 13, 53, 88, 129, 137, 183)
Seite 14 links: Michael Rick Tran, alle übrigen Porträts: Alex Wahi privat
Projektleitung: Johanna Hänichen
Leitung Grafik: Dipl.-Des. Justyna Schwertner
Layout, Buchsatz: Dipl.-Des. Anne Krause, Maja Sauvant
Covergestaltung: Dipl.-Des. Justyna Schwertner
Bildbearbeitung: Ellen Schlüter und Makro Chroma Joest & Volk GmbH & Co. KG, Werbeagentur, Benedikt Obermeier
Fachlektorat Rezepte: Şebnem Yavuz
Koordination Fachlektorat: Valerie Mayer
Lektorat: Doreen Köstler
Druck: Firmengruppe Appl, aprinta druck GmbH

Ausführliche Infos
Seite 188

BECKER
JOEST
VOLK
VERLAG
www.bjvv.de

Hubertus Schüler Der passionierte Still-Life-Fotograf Hubertus Schüler hat sein Handwerk in den perfektionistischen wie wilden Gefilden der Werbung gelernt. Nach einer Assistenzzeit in Düsseldorf arbeitet er seit 1990 als selbstständiger Fotograf in Bochum. Und das macht er mit Leib, Seele und all seinen Talenten. Sein Fotostudio ist Atelier, Requisite, Partyloft, Profiküche und Experimentieranstalt. Er sagt, er sei Fotograf geworden, weil er nicht malen könne. Welch ein Glück für die Fotografie! Nun malt er statt mit Pinseln mit Präzision und Licht. Außerdem hat er ein großes Faible für Styling und wenn er ausnahmsweise nichts vor der Linse hat, scannt er Flohmärkte nach alten Schätzen, die ein interessantes Leben geführt und was zu erzählen haben, oder malt und schrubbt und tuscht Untergründe. Seine Fotografien wurden vielfach ausgezeichnet.